乐之 ◎ 编著

稿讲话与兴演讲

吉林文史出版社

图书在版编目（CIP）数据

脱稿讲话与即兴演讲 / 乐之编著. -- 长春：吉林文史出版社, 2021.4（2021.12重印）

ISBN 978-7-5472-7683-9

Ⅰ. ①脱… Ⅱ. ①乐… Ⅲ. ①演讲—语言艺术 Ⅳ. ①H019

中国版本图书馆CIP数据核字(2021)第062580号

脱稿讲话与即兴演讲

TUOGAO JIANGHUA YU JIXING YANJIANG

编　　著　乐　之
出 版 人　张　强
责任编辑　陈春燕
封面设计　李　荣
出版发行　吉林文史出版社有限责任公司
地　　址　长春市净月区福祉大路5788号出版大厦
印　　刷　天津海德伟业印务有限公司
开　　本　880mm×1230mm　　1/32
印　　张　6
字　　数　115千
版　　次　2021年4月第1版
印　　次　2021年12月第2次印刷
书　　号　ISBN 978-7-5472-7683-9
定　　价　38.00元

前　言

　　每个人周围似乎都有这样的人：有的一打开话匣子就滔滔不绝，别人想插嘴都没有机会；有的惜字如金，甚至一言不发。有人认为，语言是人与人之间沟通的桥梁，是一种推销自己的方式。相谈甚欢更可能创造机会，口若悬河更容易把握机会。也有人认为，相对无言、莫逆于心、寡言少语就能避免祸从口出，不少精于世故的人总会劝说别人多听少说。那些平时不大开口的人也大多给人一种高深莫测的感觉；若太过于口无遮拦，遇人三五句话就交了底，则会让人一眼望穿。

　　但是，不常开口不等于不会开口。有的人舌灿如莲，有时却免不了油嘴滑舌甚至肤浅幼稚，将自己一览无余地呈现在别人的面前。有的人三缄其口，却也能在关键时刻有理有据、掷地有声。可见，说话效果本不在量，而在质。

　　生活中也不乏这样的人：办事靠谱、人品不差，但是管不住一张嘴，因此得罪了不少人。相熟者知道这是他的脾气秉性，不与其一般计较。交往不深的人却很容易因此对其产生反感甚至误会。这其实就是一种不尊重他人的行为。久而久之，这个人在人际交往方面就会难上加难。

　　说话其实也是有技巧的。文章讲究"凤头"，说话时的"开口"也要"引人入胜、不同凡响"。商务往来时的客气寒暄、开门见山，家人之间的嘘寒问暖、体贴关怀，情人之间的喁喁私语，甚至在谈判桌上也需要铿锵有力、克敌制胜。此外，还有说话时的语气语调、距离等细枝末节，同样大有学问。可想而知，在生活中不会说话得吃多大的亏！

　　语言是一个人打开世界大门的钥匙，也是架起人与人之间沟通桥梁的工具。不会沟通，会让你在工作中与大量机会擦肩而过，还会让你和爱人、朋友摩擦不断，甚至分道扬镳。当世界变得越来越开放，人自然要越来越主动。如果一个人连说出自己心声的勇气和能力都没有，那么幸运之神将永远不会垂青于他。

本书从事业、家庭、爱情等多个生活真实场景出发，运用了大量有趣的故事案例，向读者一一展示表达的技巧。故事读来生动有趣，引人入胜，同时也发人深省。书中还为读者提供了大量切实可行的表达技巧，帮助读者把表达变成一门艺术、变成一种能力。我们的目的是让不敢开口的人不再缄默，让敢于开口的人修炼出"三寸不烂之舌"，让你的人际关系不因不会表达而一塌糊涂，让你的人生不因不会表达而一败涂地。

目 录

第一章 不是每个人都"会说话"的

第二章 没有技巧的表达不叫表达

第三章　培养社交口才的方法

第四章　商场上，说得就要比唱得好听

第五章　会不会表达，来场辩论就知道

第六章　让你的演讲令人难以忘怀

第七章　演讲内容的设计策略，让你的内容更有说服力

第八章　拓展你的讲述方式，让你的演讲更有表达力

第九章　脱稿演讲与即兴发言：会说话，得天下

第一章　不是每个人都"会说话"的

　　讲话如果只追求听起来漂亮，但缺乏真挚的感情，开出的也只能是无果之花，虽然能欺骗别人的耳朵，却不能欺骗别人的心。著名演讲家李燕杰说："在演说和一切艺术活动中，唯有真诚，才能使人怒；唯有真诚，才能使人怜；唯有真诚，才能使人信服。"若要使人动心，就必须要先使自己动情。

真心的话最动人

白居易曾说："感人心者，莫先乎情。"炽热真诚的情感能使"快者掀髯，愤者扼腕，悲者掩泣，羡者色飞"。

讲话如果只追求听起来漂亮，但缺乏真挚的感情，开出的也只能是无果之花，虽然能欺骗别人的耳朵，却不能欺骗别人的心。著名演讲家李燕杰说："在演说和一切艺术活动中，唯有真诚，才能使人怒；唯有真诚，才能使人怜；唯有真诚，才能使人信服。"若要使人动心，就必须要先使自己动情。

与人交谈，贵在真诚。有诗云："功成理定何神速，速在推心置人腹。"只要你与人交流时能捧出一颗恳切至诚的心、一颗火热滚烫的心，怎会不让人感动？怎会不动人心弦？

北宋词人晏殊素以说话真诚著称。他14岁时参加殿试，真宗出了一道题让他做。晏殊看过试题后说："陛下，10天以前我已经做过这个题目了，草稿还在，请陛下另外出个题目吧。"真宗见晏殊如此真诚，感到他很可信，便赐予他"同进士出身"。

晏殊在史馆任职期间，逢假日，京城的大小官员常到外边吃喝玩乐。晏殊因为家贫，没有钱玩乐，只好在家里和兄弟们读书、写文章。有一次，真宗点名要晏殊担任辅佐太子的东宫官，许多大臣不解。真宗对此解释说："近来群臣经常出门游玩饮宴，唯有晏殊与兄弟们闭门读书，如此自重谨慎，正是东宫官的合适人选。"然而，晏殊向真宗谢恩后说："其实我也是个喜欢游玩饮宴的人，但因家里贫穷无法出去。如果我有钱，也早就参与宴游了。"这两件事，使晏殊在群臣面前树立起了信誉，而真宗也更加信任他了。

业务员布鲁克欲向农场主人推销公司的收割机。可到达农场后他才知道，前面已经有十几个不同公司的业务员向农场主人推销过收割机，但农场主人都没有买。

布鲁克来到农场时，无意中看到花园里有一株杂草，便弯下腰去想把那株杂草拔除掉，这个小小的动作恰巧被农场主人看见了。

布鲁克见到农场主人后，正准备介绍公司的产品时，农场主人却阻止他说："不用介绍了，你的收割机我买了。"

布鲁克大感疑惑地问："先生，为什么您看都没看我的产品就决定购买了呢？"

农场主人答："第一，你的行为已经告诉我，你是一个诚实、有责任感、心态良好的人，因此值得信赖；第二，我目前也确实需要一台收割机。"

由此可见，说话的魅力，不在于把话说得多么流畅华丽，而在于是否善于表达真诚。最会推销产品的人，不见得是口若悬河的人，有时候一个不经意的肢体语言，远胜于滔滔不绝。

如果你能用得体的语言表达真诚，你就很容易赢得对方的信任，与对方建立起彼此信赖的关系，让友谊长存。能够打动人心的话语，才可称得上是"金口玉言"，一字值千金。

世界会对真诚的你温柔以待

"逢人只说三分话，莫要全抛一片心"，这是一句为人处世的俗语，说对人要"阴者勿交，傲者少言"，意思是说假如你遇到一个表情阴沉、沉默寡言的人，不要急着推心置腹表达真情；假如你遇到一个高傲自大、愤愤不平的人，要谨慎自己的言谈。

其实，这只是将自己围在了一道防线内，生怕自己遇人不淑。人与人的心灵之间筑起一堵高墙，越来越多的城市居民进入了"陌生居住"时代，邻里之间"鸡犬之声相闻，老死不相往来"。人们在感叹与人相处很难时，没想过是自己把心门关闭起来了，这又如何让别人进来？

孟子云："欲见贤人而不以其道，犹欲其入而闭之门也。夫义，路也；礼，门也。"想见贤人而不按合适的方式，那就像要人进来，却又把他关在门外。用什么方式合适呢，"义""礼"也。孟子这句话的含义是：你待人以善意，别人就会以善意相报；你待人以真诚，别人就会以真情回馈。这也就是我们经常说的"将心比心"。

有的人对真诚待人抱怀疑或否定的态度，理由是：我真诚待人，人若不真诚待我，那我岂不是很傻、很吃亏吗？

不可否认，生活中存在这样的人：虚伪、狡诈、阴险、小心眼，玩弄他人的真诚，戏弄他人的善良，算计他人的毫无防备，蹂躏他人的真情实意，以怨报德、以恶报善。但是，这种人在生活中毕竟是少数，在他们的丑陋嘴脸暴露后，他们必将被众人指责和唾弃，被群体厌恶和排斥。

其实，当我们的善良和真诚被居心叵测的人愚弄之后，吃亏更多、损失更大的并不是我们自己，而是对方。因为伤人的人在承受你愤恨的同时，还要承受他人的蔑视以及被群体排斥的孤独。

有的人怕真诚待人吃亏上当，因此希望别人先主动真诚待己，这是被动为善的态度。如果人人都这样想，都不肯首先付出，那么这个世界上还有真诚吗？

弗莱明是苏格兰一个穷苦的农民。有一天，他救了一个掉进深沟里的孩子。第二天，弗莱明家门口迎来了一辆豪华的马车，从马车上走下一位气质高雅的绅士。见到弗莱明，绅士说："我是昨天被你救起的孩子的父亲，我今天特地过来向你表示感谢。"

弗莱明回答："我不能因救了你的孩子就接受报酬。"

正在两人说话之际，弗莱明的儿子从外面回来了。绅士问道："他是你的儿子吗？"

农民不无自豪地回答："是。"

绅士说："我们订立一个协议，我带走你的儿子，并让他接受最好的教育，假如这个孩子能像你一样真诚，那他将来一定会成为让你自豪的人。"弗莱明答应签下这个协议。数年后，他的儿子从圣玛利亚医学院毕业，发明了抗菌药物青霉素，成为天下闻名的亚历山大·弗莱明爵士。

有一年，绅士的儿子——也就是被弗莱明从深沟救起来的那个孩子染上了肺炎，是什么将他从死亡的边缘救了回来？是青霉素。

当日本松下电器公司还是一家乡下小工厂时，作为公司领导，松下幸之助总是亲自出门推销产品。每次碰到砍价高手时，他总是真诚地说："我的工厂是家小厂。炎炎夏日，工人们在炽热的铁板上加工制作产品。大家汗流浃背，却依旧努力工作，好不容易才制造出了这些产品，依照正常的利润计算方法，应该是每件×元承购。"听了这样的话，对方总是开怀大笑，说：

"很多卖方在讨价还价的时候，总是说出种种不同的理由。但是你说得很不一样，句句都在情理之中。好吧，我就按你开出的价格买下来好了。"

松下幸之助的成功，在于真诚的说话态度。他的话充满真实情感，描绘了工人劳作的艰辛、创业的艰难，语言朴素、生动，语气真挚、自然，让对方心有戚戚焉。正是他的真诚，才换来了对方真诚的合作。

会说话的人常常是最善于谈论对方兴趣之所在的人，最会办事的人常常是那些做了让对方感动的事的人。

在被公认为"魔术师中的魔术师"的哲斯顿活跃的年代，能让超过6000万的观众买票进场看他的精彩演出，使他赚得了两百万美元的利润。卡耐基花了一个晚上待在哲斯顿的化妆室里，向他请教成功的秘诀是什么。哲斯顿说他的成功并不是因为他的魔术知识特别丰富，因为关于魔术手法的书他已经有好几百本，而且有几十个人跟他懂得一样多。他一直做的，就是从观众的角度出发，多为观众着想，表现人性。

哲斯顿真诚地对每个观众都感兴趣。他告诉卡耐基，许多魔术师会看着观众对自己说："坐在台下的都是一群傻子和笨蛋，我可以把他们骗得团团转。"而哲斯顿却不这样想。他每次在上台时都会对自己说："我很感激，因为这些人来看我的表演，是我的衣食父母，是他们让我过上舒适的生活。因此，我要把我最高明的手法表演给他们看。"他宣称，没有一次在走上台时，不是一再地对自己说，"我爱我的观众，我爱我的观众。"卡耐基认为，哲斯顿的过人之处就是对他人感兴趣，这就是一位有史以来最著名的魔术师成功的"秘方"。

千百年来，刘备"三顾茅庐"一直被传为佳话。

刘备邀请诸葛亮出山，听人说诸葛亮"每自比于管仲、乐毅"，当时的名士司马徽则赞之为："可比兴周八百年之姜子牙，开汉四百年之张子房。"这样，刘备心中有了底。

一顾茅庐，诸葛亮避而不见，张飞耍脾气："量一村夫何必兄长自去，可使人唤来便了。"当刘备二顾茅庐，诸葛亮又避而不见，连一直极为持重老成的关羽也耐不住了，可刘备留下一书，以表诚意。三顾茅庐，诸葛亮故意仰卧草堂迟迟不起，让刘备等三人拱立阶下几个时辰，最后才欣然出山，所谓"三顾频烦天下计，两朝开济老臣心"。

刘备的诚心终于感动了诸葛亮，真可谓"精诚所至，金石为开"。拥有较高学识、有所建树的能人学者，往往骨子里有些清高或傲气。在与他们交往时，要特别注意礼让三分。一旦被你的诚心感动，他们会加倍地信赖你，也会尽量报答你。

无独有偶，著名慈善家邵逸夫为了物色人才，也上演了一幕现代版的"三顾茅庐"，挖到了宝贵的"人力金矿"。

人称"六叔"的邵逸夫叱咤娱乐圈大半个世纪，打造"邵氏""无线"两个影视王国，培育了数之不尽的演艺人才，以他名字命名的校园建筑遍布中国。

1957年，邵逸夫花费32万元买下清水湾近6万平方米的土地，建造"邵氏影城"，展开"制梦工厂"计划。当时，邵先生的事业不缺摄影棚、新公司、机械设备，缺的是人才，如制片、化妆、剪辑、配音、编剧、导演、演员……。

邵逸夫来香港主持"邵氏"，头等大事是要物色宣传人才作自己的左膀右臂。这个角色举足轻重，必须既懂业务、熟悉市场行情，又善于运用媒体、把握宣传的分寸，还要具备雄辩的口才、敏锐的头脑、良好的社交才能，必须是一个一专多能的全面型人才。招聘广告刊登出去后，尽管登门应聘者络绎不绝，宣传人才却始终像那水中月、镜中花般虚无缥缈，不见芳踪。邵逸夫感叹：寻找人才简直如大海捞针一样难呀！

这时，上海新闻界的才子吴嘉棠为邵先生推荐了邹文怀。此人毕业于上海圣约翰大学，讲一口流利的英语，是个不可多得的人才。吴嘉棠穿针引线，邹文怀同意与邵逸夫见面。邵逸夫对这次见面极为重视，精心准备了一番。还亲自把关，挑选出自己满意的"邵氏"出品影片。

这次见面安排得隆重热烈，规格甚高。那天上午，邵逸夫一身新装，早早地恭候邹文怀的光临，然后设宴款待，为他接风洗尘。饭后又陪同邹文怀一起看戏，欣赏"邵氏影片"。邵逸夫费尽心思，去迎接一位素不相识的客人，可谓平生头一遭。他心中自有算盘：眼下人才奇缺，若想成霸业，必须有一流人才相佐。刘备请诸葛亮尚且三顾茅庐，要邹文怀相助，也自当礼贤下士。

看完影片，邹文怀彬彬有礼，谦恭客气地起身告辞。邵逸夫本想与邹文怀长谈一番，拍板敲定工作之事。不料，对方却急着要走，没有表明态度。邵逸夫最后沉不住气了："邹先生，你看工作之事是不是可以定下来？什么时候来上班？""邵老板，你的好意我心领了，这件事以后再谈吧。"邹文怀婉言谢绝。邵逸夫不再言语，默默地送邹文怀上车。他怅然若失，觉得如果错过邹文怀这样稀缺的人才实在太可惜，下决心一定要请到他为自己工作。

很快，他又找到邹文怀。几句寒暄之后，邵逸夫单刀直入说明来意。邹文怀被邵逸夫的诚意打动了,决定接受邵逸夫的聘请。但又提出一个要求:"邵先生,宣传部必须由我亲自组织班底,这个条件必须答应我。""好啊,这个要求我完全同意,你尽管放心。"邵逸夫当即拍板定音。

邵逸夫几经游说,并许以重金礼聘,邹文怀终于应允出任"邵氏"宣传部主任之职。宣传人才问题一经解决,其他一切困难就迎刃而解了。邵逸夫一鼓作气,乘胜追击,撒开一张大网吸纳八方人才,事业蒸蒸日上。

陌生人是生活对你善良和爱心的考验

一个乌云密布的午后,由于瞬间而至的倾盆大雨,行人们纷纷跑进附近的店铺躲雨。一位陌生的老妇也蹒跚地走进费城百货公司避雨。面对她略显狼狈的形象和简朴的装束,所有售货员都对她视而不见。

这时,一位年轻人走过来诚恳地对她说:"夫人,我能为您做点什么吗?"

老妇人莞尔一笑,说"不用了,我在这儿躲会儿雨,马上走。"老妇人有些尴尬,觉得不买人家的东西却借用人家的屋檐躲雨,似乎不近情理。于是,她开始在百货店里转起来,哪怕买个头发上的小饰物呢,也算给自己的逗留找个心安理得的理由。

正当她犹豫徘徊时,年轻人又走过来说:"夫人,您不必为难,我给您搬了一把椅子放在门口,您坐着休息就是了。"

这位年轻人也没有向她推销任何东西。

两个小时后，雨过天晴，老妇人向这位年轻人说了声谢谢，并向他要了一张名片，就颤巍巍地走出了商店。

几个月后，费城百货公司的总经理詹姆斯收到一封信，来信者在信中要求将这位年轻人派往苏格兰收取一份装潢整个城堡的订单，并让他承包自己家族所属的几个大公司下一季度办公用品的采购订单。

詹姆斯惊喜不已，草草一算，这一封信所带来的利益，相当于他们公司两年的利润总和。他在迅速与来信者取得联系后，方才知道，这封信出自一位老妇人之手，而这位老妇人正是美国亿万富翁"钢铁大王"卡耐基的母亲。

詹姆斯马上把那位叫菲利的年轻人推荐到公司董事会上。

毫无疑问，当菲利飞往苏格兰时，他已经成为这家百货公司的合伙人了。那年，他22岁。随后的几年中，他成为卡耐基的左膀右臂，事业扶摇直上、风生水起，后来成为美国钢铁行业仅次于卡耐基的重量级人物。

这位年轻人是否付出了比别人多的心血和劳动？不是，他只是比别人多付出了一些关心和礼貌，却得到了自己意想不到的回报。

也许你会觉得这样的机会是千载难逢、纯属巧合，其实不然。很多时候，陌生人就是乔装而来的贵人，他在随时考验着你。就像菲利一样，因为他有一颗时刻为他人着想的爱心，才会得到幸运之神的垂青。

如果你会说话，与陌生人一见如故也并不是一件难事。

亚里士多德说："因为双方都没有开口，很多友谊就这样失去了。"

当你遇到一个心仪的对象时："哦，天哪，她实在是太迷人了。从我第一眼看见她，就被她深深吸引。我决定娶她！"

求爱只是形式而已，但是该用什么话语来对心仪的对象展开追求呢？

"来块口香糖吗？"这么问似乎太低级。

"你好。"这样的招呼又太缺乏创意了。

"我爱你，我的心热情似火！"好像太露骨。

"我想让你做我孩子的母亲。"听起来有些为时过早。

无言。没错，我什么都没有说。过了一会儿，汽车到了她的目的地。她下车走了，我就再也没有见到过她。故事结束。

这样的桥段，你是不是觉得很熟悉？

很多时候，它不只是出现在青春偶像剧中。

同陌生人攀谈，甚至一见如故，其实并非难事——如果你知道方法的话。以下是一些比较有效而又简单的策略。

首先，寻找那些可能愿意向你敞开心扉交谈的人。大多数人都喜欢有机会结识一些新的面孔。那些独自一人、没有事情忙的人，是你的首选。如果对方冲着你笑，不止一次地看着你，向你张开双臂或者交叉双腿，那表明对方对你比较感兴趣。对方如果是异性，他们还会以其他一些方式来吸引你的注意。比如理头发、整理衣服、摩挲身上的某个部位或茶杯、椅子这样的物品，或者故意让你注意到他们在看你，注意到他们的目光在你身上作了停留。

一旦选定了交谈的对象，下一步就是笑一笑，进行目光交流，然后开口说话。尽管很多人都努力寻找"完美"的开始，但研究表明，你所说的话实际上并不那么重要。你所说的话不一定要非常有智慧或满含深意，平常的内容就行了。重要的是抓住机会和对方进行交流。如果对方对你感兴趣，他会透露出一些自己的信息，这样就有助于你们找到共同的兴趣，谈一些更加私人的话题。

搭话的内容很简单，基本上有两种选择。

一是谈论环境。开始一段谈话，通常从谈论双方所处的环境开始。这不像谈论对方那样容易引起他人的担心，也比谈论自己更容易让对方参与进来。

先看看四周，找出双方感兴趣或令双方都疑惑不解的事物。如果你身在团体之中，比如在课堂、工作地点，或者是车友会、户外俱乐部、相亲派对、摄影俱乐部、书法家协会这样的特别兴趣小组……这都是非常容易的事情。

如果在教室里，你可以说："你认识这位老师吗？""我昨天没来，都讲了些什么？""你觉得考试会考些什么内容？"

如果在美术馆里，你可以说："你认为艺术家想传达什么样的思想？"

如果在车友会上，你可以说："你觉得是空挡滑行还是带挡滑行省油？"

如果在候车室里，你可以说："在这里可以看到人生百态。"

如果在聚会上，你可以说："我们好像在哪里见过吧？"

如果在排队看电影时，你可以说："我看过预告宣传片，听说很好看。"

如果在超市，你可以说："我发现你在买白果。我这人就是好奇心重，你准备怎样烹调？"

如果在自助洗衣店，你可以说："麻烦问一下，洗衣粉从哪里放进去？"

二是谈论对方。大多数人喜欢谈论自己，他们会高兴地回答你的问题或者响应你的意见。在开口之前，观察一下对方的衣着、以及对方在做什么、在说什么、在读什么，想想你想进一步了解什么内容。例如：

"嗨，你看上去很可爱，很想跟你认识一下。"

"你的发型很新潮。"

"我发现你脖子上的项链很特别，它是祖传的吗？"

"在这里你的舞蹈跳得最棒了。你都参加过什么训练？"

"你也喜欢看某某写的小说？我有她所有的作品，很好看。"

"你看上去一副失落的样子。我能帮上忙吗？"

天涯何处无朋友，相谈何必曾相识

尽管很多人都会这么做，但是谈论自己往往很难引起对方的谈话兴趣。戴尔·卡耐基曾经注意到，陌生人往往更喜欢谈论他们自己，而不是对方。不过，应该没有人会拒绝这句风趣的开场白："嗨，我叫王宁，你觉得我这个人怎么样？"

1. 攀亲认友

"听口音你像客家人，我们是老乡。""我和你姐姐是同学。""我是你父亲的同事。"

这种"攀亲认友"的开场白很实用，能一下子缩短双方之间的心理距离，使对方产生一定程度的亲切感。

三国时代的鲁肃就是攀亲认友的能手。他跟诸葛亮初次见面时的第一句话是："我，子瑜友也。"子瑜，就是诸葛亮的哥哥诸葛瑾，他是鲁肃的挚友。短短的一句话就使交谈双方亲近了不少，为孙权跟刘备结盟抗击曹操打下了基础。

有时，对异国初识者也可采用这种方式。

下面再看一个事例：

在一家旅馆的房间里，一个旅客正悠闲地躺在床上欣赏电视节目，另一个刚抵达的旅客放下旅行包，稍拭风尘，冲一杯浓茶，开始"研究"那位看电视的旅客。

后来者说："您好，来了很长时间了吧？"

看电视的旅客回答："刚到没多久呢。"

"听口音您不是苏南人啊？"

"噢，我是山东枣庄人。"

"噢，枣庄，好地方啊！读小学时，我就在连环画《铁道游击队》中知道了。几年前去了一趟枣庄，还颇有兴致地玩了一番呢。"

接着两个人就谈了起来，那亲热劲儿，不知道的人恐怕还以为他们早就相识呢。接着他们互赠名片，一起进餐，睡觉前双方居然还谈成了两笔生意：枣庄客人订了苏南先生造革厂的一批产品，苏南先生从枣庄客人那里订了一批价格比较合理的议价煤。他们的相识、交谈与合作成功，就在于他们找到了"枣庄""铁道游击队"等共同话题。

2. 扬长避短

人们都喜欢别人赞美自己的长处。那么，跟初识者交谈时，以直接或间接的方式赞扬对方的长处作为开场白，就能使对方高兴，继而对你产生好感，交谈的积极性也就可以得到激发。反之，如果有意或无意地触及对方的短处，使对方的自尊心受到伤害，交谈的效果就可想而知了。

宋小姐是一家房地产公司总裁的公关助理，奉命请一位特别著名的景观设计师为本公司的一个大型园林项目做设计顾问。但这位设计师已退休在家多年，且性情清高孤傲，一般人很难请得动他。

为了博得老设计师的欢心，宋小姐事先做了一番调查。她了解到老设计师平时喜欢作画，便花了几天时间读了几本中国美术方面的书籍。她来到老设计师家中，刚开始，老设计师对她态度很冷淡，宋小姐就装作不经意地发现老设计师的画案上放着一幅刚画完的国画，便边欣赏边赞叹道："老先生的这幅丹青，景象新奇，意境宏深，真是好画啊！"这一番话使老先生升起了愉悦感和自豪感。

接着，宋小姐又说："老先生，您研习的是清代山水名家石涛的风格吧？"这样，就进一步激发了老设计师的谈话兴趣。果然，他的态度转变了，话也多了起来。接着，宋小姐对所谈话题有意挖掘，两人逐渐亲近了起来。终于，宋小姐说服了老设计师，对方答应出任其公司的设计顾问。

3. 添趣助兴

能用风趣活泼的话语扫除初识者的拘束感和防卫心理，从而活跃气氛，增添对方的交谈兴致，如果能做到这样，那么他的交际艺术就炉火纯青了。

天涯何处无朋友，交谈何必曾相识？要用三言两语惹人喜爱，让人一见如故，关键是把功夫下在见面交谈之前。上述各例的成功，除了有高超的语言技巧，无一不是未见其人，先闻其事。

既然不当讲，那就不要讲了

见到一个长得不太漂亮的人，3 岁的孩子会说"他真丑"，这叫说真话；如果 13 岁的人说同样的话，就叫作不懂事；23 岁的人如果还这么说，则是没修养了。

所谓"诚实"，诚在先，实在后，诚是善意和尊重。实话实说只是一种勇气，说话不伤人是一种智慧和能力，需要不断修炼。

有这样一个故事：

从前，有一个爱说大实话的人，什么事情他都照实说，所以，不管他到哪儿，都不受欢迎，总是被人赶走。后来，他变得一贫如洗，无处栖身。

最后，他来到一座修道院，指望着能被收留。修道院院长见过他问明了原因以后，认为应该尊重那些热爱真理、说实话的人。于是，把他留在修道院里，安顿了下来。

修道院里有几头牲口已经不中用了，院长想把它们卖掉，可是他不敢随便派人去卖牲口，怕他们中饱私囊，便叫这个爱说实话的人把两头驴和一头骡子牵到集市上去卖。

当有买主上前询问，这人便实话实说："尾巴断了的这头驴很懒，喜欢躺在稀泥里。有一次，长工们想把它从泥里拽起来，一用劲儿，便拽断了尾巴；另一头秃驴特别倔，一步路也不想走，他们就抽它，因为抽得太多，毛都秃了；这头骡子呢，是又老又瘸。如果干得了活儿，修道院院长干吗要把它们卖掉啊？"

结果买主们听了这些话就纷纷都走了。这些话在集市上一传开，谁也不来买这些牲口了。于是，这人到晚上又把它们赶回了修道院。

修道院院长发着火对这个人说："朋友，那些把你赶走的人是对的。他们不应该留你这样的人！我虽然喜欢实话，可是，我却不喜欢那些跟我的腰包作对的实话！所以，老兄，你爱上哪儿就上哪儿去吧！"就这样，这个人又从修道院里被赶走了。

现实生活中也不乏类似的例子。

圣诞节，学校举行庆祝大会，老师一边分糖果、蛋糕，一边说："看啊，小朋友们，圣诞老人给你们带来了什么礼物？"

凯蒂马上站起来，严肃地说："世界上根本没有圣诞老人。"

老师虽然很生气，但还是压住心中的怒火，改口说："相信圣诞老人的乖女孩才能得到糖果。"

凯蒂回答："我才不稀罕糖果呢！"老师勃然大怒，处罚凯蒂坐到前面的地板上。

有一位证券公司的高级主管对我说，他最不能忍受的就是他的太太有意无意地泼他冷水。当他打电话跟太太说，今晚不能回家吃饭，因为公司全体员工决定要一起为他庆祝40岁生日。这位曾是他大学同班同学的妻子，马上嗤之以鼻地说："哦，你何德何能，为什么人家要帮你庆生？"一句话使他满腔热情结成冰。他心想"早知你这么刻薄，不回家吃饭我就不告诉你了。"

其实，他太太说的话并不是瞧不起他，也许是有点"酸葡萄"心理，或只是单纯的"不会说话"。被人指责"不会说话"的人，通常很少认为那是自己的短处，反而会沾沾自喜地认为自己很"直"，暗暗以为是优点，如此一来，改正的可能性就很低。

爱情本身就很容易因相处时间久而冷却，这样的态度，只会让彼此的关系更加如履薄冰。结果只能是要么把冷水泼回去，要么保持沉默，警告自己不再将令自己得意的事告知另一半。最后，二人渐行渐远，夫妻关系降至冰点。

同事之间亦然。过于直率的语言犹如一把锋利的双刃剑，在伤害别人的同时，也会刺伤自己。

在公司的一次集会中，李萍看到一位女同事穿了一件紧身的新装，这与她丰腴的身材很不相称，李萍实事求是地说了一句："说实话，这件衣服虽然很漂亮，但穿在你身上就像给水桶包上了艳丽的布，因为你实在太胖了！"

女同事瞪了李萍一眼，生气地走开了，这让周围大赞李萍"漂亮""合适"的其他同事也很是尴尬。久而久之，同事们就把她排除在集体之外，很少就某件事去征求她的意见，李萍成了不折不扣的"孤家寡人"。

再看下面的故事：

古时候，有一个县令很喜欢附庸风雅，尽管画技很差，却总喜欢卖弄。他画的虎不像虎，反而像猫。每当完成一幅作品，都爱在厅堂内展出示众，让手下的人评论，而且只能赞扬，不能批评，谁要说实话，就会遭受惩罚，轻则挨打，重则革职。

后来，衙门来了一个年轻的差役，脑子聪明，能说会道，伙伴们便鼓励他在县令面前说一回实话，让县令老爷知道自己画的虎实在不像虎而像一只猫。

一天，县令又完成了一幅"虎"画，悬挂厅堂，召集全体衙役来欣赏。差役们两厢站立，县令扬扬自得，对他们说："各位瞧瞧，本官画的虎如何？"

众人低头不语。县令见无人附和，一眼盯上了那位新来的衙役，举手指他，说："你，来说说看。"

"老爷，我有点儿怕。"新来的差役胆战心惊地说。

"哎，怕什么？有老爷我在此，什么也别怕。"

差役又说："老爷，别说我怕，其实你也怕。"

"什么？我也怕？那是什么，快说！"

"怕天子。老爷，你是天子之臣，当然怕天子呀！"

"唔，"县令语塞，"对，老爷怕天子，可天子就什么也不怕了。"县令又自得起来。

"不，天子怕天。"差役一本正经地说道。

"天子是天老爷的儿子，怕天，有道理。好，天老爷又怕什么？"县令顿时来了兴致。

"怕云，云会遮天。"差役胸有成竹地说。

"云又怕什么？"

"怕风。"

"风又怕什么？"

"怕墙。"

"墙怕什么？"

"墙怕老鼠。老鼠会打洞。"

"唔，对对对，老鼠打洞，毁了墙，有道理。"县令开始欣赏这位差役的机智和口才了。于是他接着问道："那么，老鼠又怕什么呢？"

新来的衙役手指向厅堂的前面："老鼠最怕它！"

顺着差役指的方向望去，正是县令的新作。县令的脸唰的一下红了，厅堂内众差役也忍不住哧哧笑起来。

上述故事中，新来的衙役善用"曲线法"来道出实情。面对彼情彼境，他没有直接说出县令画的虎像猫，而是从容周旋，借题发挥，在绕了一个大弯子之后不知不觉回到了正题，从而委婉地达到了批评的目的。他对付不宜直言的话题之手段实在是高明。

同理，我们见到体重超标的人，不要说"胖"，只说"富态"或"圆润"就可以了；瘦可以说成"苗条"或"骨感美"；脱发严重可以说是"聪明绝顶"；形容年纪大的人可以说"有内涵"……。

不妨不批且不求助事巧周旋

第二章　没有技巧的表达不叫表达

　　与人交谈，有时就是一个说服人的过程，说服别人要有耐心，更要有方法和技巧。有时候，当你明知道自己的要求会遭到拒绝时，不妨采用欲擒故纵的方法，先说一些与要求无关的事，然后再见机行事，与对方巧妙周旋，最终让对方满足你的要求。

欲擒故纵是永不过时的战术

清朝时，某人到县衙控告有人偷了他的鸡。县令传来他的左邻右舍审讯，没有一个人承认。县令就叫他们靠边跪着，不理睬他们，继续审理别的案子。过了许久，又装作疲惫的样子，说道："本官累了，你们暂且先回去。"

众人都站起来，转身向堂外走去。县令突然勃然大怒，拍案喝道："偷鸡贼也胆敢走啊？"

那偷鸡的人不由自主地颤抖着双腿，屈膝跪了下来。一经审讯，他只得从实招来，对自己的盗窃行为供认不讳。

这是典型的欲擒故纵法。县令的"故纵"是为了让对手放松警惕，然后在对手毫无防备的情况下突然出招，手到擒来。

无独有偶，有个聪明的法官也是用类似的方法查明了案件的真相。

一次，甲、乙两个争讼者来见法官。甲说乙欠他许多黄金，乙不承认，坚持说："我是第一次见他，以前从来没有与他打过交道。"

"你要他还的黄金，当时是在什么地方借给他的？"法官问甲。

"在离城三里远的一棵树下。"

"那你再去一趟，把那棵树上的叶子带两片回来，我要把它们当见证人审问一下，树叶会告诉我实情的。"法官提出了这样一个看似荒诞的建议。

于是，甲去摘树叶了，喊冤枉的乙则留在法庭上。法官没有和他谈话而是去审理别的案子。乙作为旁观者津津有味地看着法官审案，这时，法官突然回头向他轻轻问道："他现在走到那棵树下没有？"

"依我看，没有，还有一段路呢。"乙回道。

"好吧，既然你说没跟他一起去过那儿，你怎么会知道还有一段路呢？"法官严肃起来。

乙顿时惊慌失措，才意识到说漏了嘴，不得不承认自己诈骗。

法官在制伏诈骗犯的过程中，并不是直接追问乙是不是欠甲的黄金，也不问乙是否知道甲所说的那棵树，而是在乙聚精会神地观看审案，戒备完全解除时，用看似轻描淡写的一问，便使乙在没有思想准备的情况下说出了真话，使法官顺利地达到了将诈骗犯制伏的目的。

要想说服对方，就要采用欲擒故纵的手段，诱导对方进入"圈套"。"擒"是目的，"纵"是手段，手段是为目的服务的。

西晋末年，幽州都督王浚企图谋反篡位。晋朝名将石勒闻讯，打算消灭王浚的部队。可是王浚势力强大，石勒恐一时难以取胜，于是决定采用"欲擒故纵"之计，麻痹王浚。他派门客王子春带了大量珍珠宝物，敬献王浚，并写信向王浚表示愿意拥戴他为天子。信中说，现在社稷衰败，中原无主，只有王浚威震天下，有资格称帝。王子春又在一旁添油加醋，说得王浚心里喜滋滋的，信以为真。正在这时，王浚有个名叫游统的部下，伺机谋叛王浚。游统想找石勒做靠山，石勒却杀了游统，把游统的首级献给王浚。这一招，使王浚对石勒绝对放心了。

公元314年，石勒探听到幽州遭受水灾，老百姓没有粮食，王浚不顾百姓生死，苛捐杂税有增无减，导致民众积怨，军心浮动。石勒便决定亲自率领部队攻打幽州。这年4月，石勒的部队到了幽州城，王浚还蒙在鼓里，以为石勒来拥戴他称帝，根本没有准备应战。等到他突然被石勒军将士捉拿时，才如梦初醒。王浚中了石勒"欲擒故纵"之计，最终身首异处，称帝成了泡影，丢失了性命。

有位心理学家写了一本名叫《趣味心理学》的书，他为了让读者尽快了解书中第八章第五节的内容，以引起读者的兴趣，把整本书读完，就在书的前言中写道："请不要阅读第八章第五节的内容。"结果大多数读者真的跳过前面的章节，直接翻看第八章第五节的内容。这位作家就是运用了欲擒故纵的方法达到了目的。

这一纵一擒，就像一股奇兵，使交谈的对象在放松戒备的同时不知不觉地上当，最终无可奈何地服输。

与人交谈，有时就是一个说服人的过程，说服别人要有耐心，更要有方法和技巧。有时候，当你明知道自己的要求会遭到拒绝时，不妨采用欲擒故纵的方法，先说一些与要求无关的事，然后再见机行事，与对方巧妙周旋，最终让对方满足你的要求。

商场如战场，"退一步，进两步"，以退为进是谈判桌上常用的一个制胜策略和技巧。

有一年，在比利时某画廊发生了这样一件事：

一位美国画商看中了印度人带来的三幅画，它们标价为250美元，画商不愿出此价钱，于是唇枪舌剑，谁也不肯让步，谈判陷入了僵局。那位印度人很恼火，怒气冲冲地当着美国人的面把其中一幅画烧了。美国人非常吃惊，他从来没有遇到过这样的对手，对烧掉的那幅画又惋惜又心痛。于是，美国人小心翼翼地问印度人剩下的两幅画愿卖多少钱，回答还是250美元。美国画商觉得太亏了，少了一幅画还要 250 美元，于是强忍着怨气还是拒绝，要求少一点价钱。

那位印度人不理他这一套，怒气冲冲地又烧掉了一幅画。这回，美国画商可真是大惊失色，只好乞求他千万别再烧最后一幅。当他再次询问这位印度人愿卖多少钱时，回答如初。这回画商急了，问："一幅画与三幅画怎么能一样价钱呢？你这不是故意戏弄人吗？"

这位印度人回答："这三幅画都出自于知名画家之手，本来有三幅的时候，相对来说价值小点儿。如今，只剩下一幅，可以说是绝宝，它的价值已经大大超过了三幅画都在的时候。因此，现在我告诉你，这幅画 250 美元不卖，如果你想买，最低得出价600 美元。"

听完后，美国画商一脸的苦相，没办法，最后以 600 美元的价格成交。

那时候，一般的画成交价都在 100—150 美元之间。而印度人这幅画却能卖得如此之高的价钱，原因何在？首先，他烧掉两幅画以吸引那位美国人，便是采用了"以退为进"的策略，因为他"有恃无恐"，他知道自己出售的三幅画都是出自名家之手。烧掉了两幅，只剩下最后一幅画，更是"物以稀为贵"。这位印度人还了解到这个美国人有个习惯，喜欢收藏古董名画，只要他爱上这幅画，是不肯轻易放弃的，宁肯出高价也要买下来珍藏。这招果然很灵，一笔成功的生意就这么做成了。

当然，想成功地采用"以退为进"的策略，必须有一定的后备，把握好分寸，不打无准备之仗。心中没有十分的把握而轻易使用此计，难免弄巧成拙。如果那个印度人不了解美国画商有收藏古董的习惯，不能肯定他会买下那最后一幅画就去烧掉前两幅，而最后美国人没有买那幅画，印度人可就是"赔了夫人又折兵"，追悔莫及了。

你走过的最长的"路"，就是我的"套路"

传说在云南边境的少数民族中，有位聪明伶俐的巧嘴姑娘，什么问题都难不倒她。

一天，有个地主想出个歪点子，准备难倒巧嘴姑娘。他把姑娘叫来，还让人牵来一匹马，自己骑在马上，一脚踩着马镫，身子向上一挺，问道："你说我是上马，还是下马？"

这意思很清楚：如果说他上马，他就下马；如果说他下马，他就上马。无论说他上马还是下马，都不对。周围的人面面相觑，都为巧嘴姑娘捏了一把汗。

谁知巧嘴姑娘镇定自若，不做正面回答，而是信步走到门前，伸出一只脚踩在门槛上，另一只脚踩在门外，反问地主："你说我是进门，还是出门？"原本扬扬得意的地主一听，无法回答，顿时像泄了气的皮球，只好悻悻离去。

在辩论中，对方的观点要是貌似有理实为荒谬时，可模拟同样的问题作为许诺解答的前提，只要对方能解答，自己一定能解答。这种技巧叫作"请君入瓮"法，来源于唐代酷吏"来俊臣以周兴之道，还治周兴之身"的典故。

《伊索寓言》中有这样一句话说得好："遇谎言说得过于离题时，你如果想用论证来破其谬见，那未免太郑重其事了。"

法国寓言家拉封丹习惯每天吃一个土豆。

有一天，他把土豆放在餐厅的壁炉里，想热一下再吃，等他回头去拿的时候，土豆却不翼而飞了。于是他大喊："我的上帝，谁把我的土豆吃了？"

他的佣人匆匆走来，"此地无银三百两"地说："不是我。"

"那就太好了！"

"先生为什么这样说？"

"因为我在土豆上放了砒霜，想用它毒老鼠。"

佣人顿时面如土色："啊，上帝，我中毒了！"

拉封丹笑了："放心吧，我不过是想让你说真话罢了！"

如果拉封丹真的在土豆里放了砒霜，那这个故事就不好笑了。这个故事的幽默之处在于拉封丹运用了故弄玄虚、请君入瓮的方法，诱使佣人说出真话，承认错误。

在日常生活中，这种幽默艺术使人们更加显露出机智与思辨色彩。由于这个原因，在生活中的舌战场合，这种巧设圈套的幽默技巧也被广泛地应用。

一考生骑驴赴京赶考。路上问一个放牲口的老汉："哎，老头儿，这儿离京城还有多远？"

老汉看他问路连驴都不下，穿戴得倒是挺像样，言行举止却如此粗鲁，这算什么书生。老汉不想理他，可又想教训他一下，就答道："京城离这儿180亩。"

书生感到好笑，说道："喂牲口的，路程都讲'里'，哪有论'亩'的？"

老汉冷笑道："我们老一辈的人都讲'里'（礼），现在的后生娃没有教养，不讲'里'（礼）！"

书生脸一沉，说："你这个老东西，怎么拐着弯儿骂人呢？"

老汉说："喂牲口的老东西本来不会骂人。只是今天心里不痛快，我养的一头母驴，它不生驴崽，偏偏生下了个牛犊。"

书生莫名其妙地说："你这个人真是稀里糊涂的，生来就该喂牲口。哪有驴子下牛犊的道理？"

老汉回答道"是呀，这畜生真不懂道理，谁晓得它为啥不肯下驴哩。"

书生终于听懂了话中之意，面红耳赤，没有作答就扬鞭而去。

故事中的老汉通过曲折的暗示，故弄玄虚，诱使对方上当，是"请君入瓮"法运用的典范。

有一次，老林到菜市场买鱼。他走到一家鲜鱼摊前，看到摊子上摆的鱼虽不少，但都不是很新鲜。老林提起一条鱼放在鼻子前闻了一下，果然有一股腥臭味。摊主见状，非常不高兴地问道："哎，你这是干什么？我的鱼是刚刚打上来的。"

老林并没有和摊主争辩，也没有揭穿他的谎言，而是顺口说了句："我刚刚是和这条鱼说话呢！"

"嗯？"摊主觉得老林这话挺有意思，不禁来了兴致，想刁难老林一番。他说："那你和鱼说了些什么话呢？"

老林说："其实也没什么，我想去河里游泳，所以向那条鱼打听一下现在河里的水究竟凉不凉。"

"那鱼怎么说呢？"摊主已经笑得上气不接下气了，周围也已经聚集了一些围观的人。

鱼对我说："很抱歉，我没法告诉你。因为我离开河已经好多天了。"老林淡淡地说。围观的人哄然大笑，摊主脸上的笑容却早就不见了。

老林对鱼的新鲜程度有了怀疑，他并不是直接向鱼摊主表示出质疑，因为那样可能直接招致摊主的否认和回击，起不到任何作用。于是，他妙用拐弯抹角幽默术，把话题扯远，再一步步回到正题上，以"问鱼"这样一个荒谬的情景来化解摊主的戒备情绪，并一步步诱使摊主进入自己的圈套，表达出了"鱼根本不新鲜"的意思。老林正是运用了"请君入瓮"的技巧，使鱼摊主在整个过程中都被老林牵着鼻子走，完全陷入一种被动的状态中。

嘉嘉有两门功课考了不及格的分数，他回到家对爸爸说："爸爸，当别人心里难受的时候，是不是不应该再给他肉体或精神上的刺激？"

爸爸回答说："那当然。"

嘉嘉马上说："我这次考试，有两门功课没及格，我现在很难受。"

爸爸哑口无言。

嘉嘉真是"狡猾"，为免于被爸爸责骂，他巧言设计了一个圈套，待爸爸钻进套中后，方才言归正传。爸爸如责怪嘉嘉，那么无疑要推翻自己的论断，势必会影响自己的威信。所以他当然不会这么做，这就是嘉嘉的用意，真是既可爱又可笑。

会说话的人，能把死的说活。

纪晓岚是清代有名的大才子，多年随侍乾隆左右，深得乾隆赏识。一日风和日丽，乾隆与纪晓岚游于园林之中，乾隆心情愉快，便想开个玩笑为难身边的才子。

乾隆说："纪爱卿，'忠孝'二字怎么解释啊？"

纪晓岚答："君要臣死，臣不得不死，为'忠'；父要子亡，子不得不亡，为'孝'。"

闻言，乾隆神秘一笑，随即再问："纪爱卿自以为是个忠臣吗？"

"是。"

"很好。朕以君的身份命你现在去死！"

"这……臣领旨！"纪晓岚在短暂的迟疑后，只得遵旨。

"你打算怎么个死法？"

"跳河。"

"好，去吧。"乾隆当然知道纪晓岚不可能真的去投河自尽，于是静观其变，等着看下面的好戏。

果然，不到一炷香的工夫，纪晓岚就跑回来了。

乾隆笑道："纪爱卿何以未死？"

纪晓岚答："臣刚才碰到了屈原，他不让我死。"

"哦，此话怎讲？"

纪晓岚煞有介事地讲道："我到了河边，正要往下跳时，屈原从水里出来，拍着我的肩膀说：'晓岚，你此举大错矣！想当年楚王昏庸无能，天下无道，我才被迫怀沙自沉；可如今皇上圣明，海晏河清，你再投河岂不有伤圣德？你应该回去先问问当今皇上是不是昏君，如果皇上说是，你再死也不迟啊！'"

乾隆听了，哈哈大笑，连连称赞道："好一个如簧之舌。行了，行了，朕算服了。"

纪晓岚先是假戏真做，后借世人景仰的屈原之口道出自己不死之由，从而巧妙脱困，并使龙颜大悦。思维敏捷、妙语生花，其"死而复生"自是一种必然了。

下述郑涉的故事与纪晓岚的应变有异曲同工之妙。

唐德宗建中年间，刘玄佐因军功升任汴宋节度使。一天，他因为听信谗言，大发雷霆，要把属下大将翟行恭杀掉。大家都知翟行恭冤枉，但迫于刘玄佐的威势，均不敢替他申辩。

处士郑涉挺身而出，求见刘玄佐，说："听说翟行恭将要被处以极刑，我有个心愿请您满足。"

刘玄佐说："你是来求情的吗？"

郑涉说："不，不。我只是想借他的尸首看一看。"

刘玄佐很奇怪，问他看尸首干什么。

郑涉回答说："我曾听说被冤枉屈死的人面部都会有奇异之相，可我一辈子没有见识过，所以想借此机会看一看。"

刘玄佐听出了弦外之音，顿时省悟过来，免了翟行恭一死。

眼看人头就要落地而又无法直言劝谏，郑涉情急之下采用了"借尸还魂"的方法，运用"验尸"之说警醒杀人者，从而救了别人一命。

一语双关的正确"打开方式"

说话时巧用谐音，可以化平淡为神奇，获得出人意料的戏剧性效果。

谐音的运用大致有以下几种形式：

1. 谐音表态

世称"扬州八怪"之首的郑板桥在潍县做县令时，逮捕了一个绰号"地头蛇"的恶棍。他的伯父是个有钱有势的老员外，舅舅又是郑板桥的同科进士，两人带着酒菜连夜登门给"地头蛇"求情。

酒席上，进士提出要行个酒令，并拿起一个刻有"清"字的骨牌，一字一顿地吟道："有水念作清，无水也念青，去水添心便为情。"

郑板桥更正道："年兄差矣,去水添心当念情。"进士听了大喜。郑板桥猛然悟到中了他的说情圈套，紧接着大声念道："酒精换心方讲情，此处自古当讲清，老郑身为七品令，不认酒精但认清。"那两人见状，只好扫兴而归。

这里，这位进士巧用谐音求情，而郑板桥却妙用谐音变化，表明了为官一身清、决不徇私情的态度。

2.谐音还击

乾隆庆七十大寿，众臣、侍卫前呼后拥。这时，纪晓岚与和珅列于众臣前列。突然，一名侍卫牵着一条狗从旁而过。和珅见此，指着那条狗对纪晓岚问道："是狼？是狗？"

纪晓岚非常机敏，意识到和珅是在辱骂自己，立即就给予还击。他泰然自若地回答道："回和大人话，垂尾是狼，上竖是狗。"

这里"是狼"与"侍郎"谐音，"上竖"与"尚书"谐音，纪晓岚巧妙利用了谐音转换的方法来反骂和珅才是狗，骂得真是天衣无缝，令和珅无言以对，黯然离去。

3.谐音转换

这里指用关键字的谐音转换成另一个意义的词语，用新的语义掩盖原来的语义。

有个住旅店的人，一觉醒来，发现自己的 50 两银子不见了，而这一晚旅店也没别人，只有他一人，因此他怀疑是旅店老板偷去的，但老板死不承认。二人闹到县衙，县官对老板说："我在你手心里写个'赢'字，你到院子里晒太阳,如果晒很长时间,'赢'

字还在，那么你的官司就打赢了。"

随后，县官把老板娘叫来。老板娘来了看见老板在外面站着，不知怎么回事。这时只听县官对她丈夫喊道："你手里的'赢'字还在不在？"

店老板连忙回答说："在,在。"老板娘一听丈夫承认了"银子"在，就不敢隐瞒了，乖乖地回家拿出了银子。

运用谐音做辩论工具，可以使人灵活地驾驭语言，彰显大智慧。

薛登是宰相的儿子，生得聪明伶俐。当时有个奸臣叫金盛，总想陷害薛登的父亲，但苦于无从下手，便在薛登身上打主意。有一天，金盛见薛登正与一群孩童玩耍，于是眉头一皱，诡计顿生，喊道："薛登，听说你的胆子像老鼠一样小，你敢不敢把皇门边的木桶砸掉一只？"

被激怒的薛登不知是计，一口气跑到皇门边上，把立在那里的双桶砸掉了一只。金盛一看，正中下怀，立即飞报皇上。皇上大怒，立传薛登及其父问罪。

薛登与父亲跪在堂下，但薛登却若无其事地嘻嘻笑着。皇上怒喝道："大胆薛登，为什么砸掉皇门之桶？"

薛登毫无惧色，抬起头反问道："皇上，你说是一桶（统）天下好，还是两桶（统）天下好？"

"当然是一统天下好。"皇上说。

薛登高兴得拍起手来："皇上说得对！一统天下好，所以，我把多余的那只'桶'砸掉了。"

皇上听了转嗔为喜，称赞道："好个聪明的孩子！"又对宰相说："爱卿教子有方，请起请起。"

金盛一计未成，贼心不死，下堂后把薛登拉到背后，假装称赞他说："薛登，你真了不起，你敢把剩下的那只也砸了吗？"

薛登瞪了他一眼，说了声"砸就砸"便头也不回地奔出门外，把皇门边剩下的那只木桶也砸了个粉碎。

金盛又飞报皇上，皇上怒喝道："顽童，这又做何解释？"

薛登不慌不忙地问皇上："陛下，您说是木桶江山好，还是铁桶江山好？"

"当然是铁桶江山好。"皇上答道。

薛登又拍手笑道："皇上说得对。既然铁桶江山好，还要这木桶江山干什么？皇上快铸一个又坚又硬的铁桶吧！愿吾皇江山坚如铁桶。"

皇上高兴极了，下旨封薛登为"神童"，但薛登听了，并没有马上谢恩，却放声大哭起来，边哭边说："金盛两次要我砸皇桶，意在害我父亲；而今皇上封我神童，他岂肯罢休？与其我薛家父子死在奸贼之手，倒不如请皇上现在就下旨给我死罪为好！"

皇上听了，顿时大悟，立即对金盛吼道："大胆金盛，你加害忠良，朕早有察觉。今日之事，你包藏祸心，已是昭然若揭。来人，传朕旨意，将他削职为民，滚回老家去！"

妙用谐音克敌护己，难怪薛登被封为"神童"。

有时，将谐音与双关语结合使用，也会产生意想不到的幽默效果。

李鸿章是清末名臣，他的一个远房亲戚李某赴京参加科举考试。此人胸无点墨却热衷科举，一心想借李鸿章的关系捞个一官半职。可打开试卷，竟无从下笔，急得如热锅上的蚂蚁。

眼看要交卷了，此人灵机一动，在考卷上写下"我乃李鸿章中堂大人的亲戚"。无奈，他不会写"戚"字，竟写成"我乃李鸿章中堂大人的亲妻"，指望能获主考官录取。

主考官阅卷到此处，不禁捋须微笑，提笔在卷上批道："所以本官不敢娶（取）你！"不用说，此人当然落第了。

"娶"与"取"同音，主考官针对李某的错字，顺水推舟来个双关的"错批"，既有很强的讽刺意味，又极富情趣。

步步逼近，软磨硬泡

在处理问题时，西方人喜欢用速战速决的交涉方法，他们对谈判缺乏耐心，希望将事情快点解决，然后就去忙别的。而东方人却喜欢马拉松似的车轮战，问题一个接一个，且非谈出个满意的结果来不可，有时又会像棒球投手利用迅速而又毫无意义的虚晃动作来干扰击球者一样，以期把对方弄得晕头转向，再慢慢解决问题。

以 20 世纪 70 年代的巴黎和谈来说，一开始越南代表就在巴黎租了一个别墅，签下为期 2 年的租约，而美国的代表却只在里兹的旅馆，订下一个按日计算的房间。因为他们根本没有耐心，也不认为交涉会拖得很久，即使美国人过去有过板门店谈判 3 年的教训，但仍然不习惯做长期交涉。

事实上，正如越是嘈杂的机器，所获得的润滑油就越多。如果能有坚韧的耐心，不厌其烦地把许多问题和资料搅和在一起，让对方不仅为目前的问题苦恼万分，还要忍受不断的轰炸。等他疲劳之余，正想撒手放弃，而你却缠着不放，做地毯式的攻击，伺机向对方提出"最后通牒"。对方在不胜厌烦的状况下，一般都会同意看起来还算合理的条件，以彻底摆脱烦恼。说服最忌讳的就是遇到困难就退缩或没有耐心、总想着速战速决。有很多事情，不是一时半会就可以解决的，你要找出问题的症结，考验对方的实力、找出对方的弱点、知道对方的要求，或者要改变对方的期望程度，等，都需要时间来完成，甚至应该知道对方处在压力下会做出什么选择，这一切都是需要时间的。如果没有坚强的意志、毅力，是不会达成你理想的目标的。

欲速则不达，要说服成功一定要周密策划，沉着应付。对方施硬，你就来软；对方转软，你要变硬；应该讲法时，对他讲法；应该说理时，和他说理；应该论情时，与他论情；应该谈利害时，向他谈利害，用各种方法，始终坚持，绝不妥协。在说服过程中，耐心是最强而有力的武器，尤其是当对方已经感到厌烦或准备放弃与你争论的时候，只要你再做最后的坚持，不利的形势就会好转。

说服中的步步紧逼还表现在穷追不舍上。面对敏感的问题，有时说服对象的表达出现了障碍，说服者无法获得满意的答复，而这一答复对于说服者又至关重要。在这种情况下，有经验的说服者会设计出一系列问题，或纵向追问，或横向追问，从而"挤"出一种明确的答案，搞清事实。

巴普办了一个剧场，却一直没有戏剧评论家前来光顾。他深知没人宣传就没有观众，于是大胆闯入《纽约时报》报社寻求帮助。巴普点名要见著名评论家艾金森，凑巧艾金森在伦敦访问。巴普干脆待在报社不走："我就等到艾金森先生回来！"

艾金森的助手吉尔布无奈，只好询问其原因。巴普便大施说服之术，说他的演员如何优秀，观众如何热烈，最后摊牌："我的观众大多是从未看过真正舞台剧的移民，如果贵报不写剧评介绍，那我就没经费继续演下去了！"吉尔布见其这么执着，不由感动了，答应当晚就去看戏。谁知，露天剧场的演出到中场休息时，便遇上了滂沱大雨。巴普看到古尔布跑去避雨，就赶过去说："我知道剧评家平常不会评论半场演出的，不过我恳求你无论如何破个例。"巴普一次次地游说，真诚也有，"无赖"也有，斯人斯言到底感动了上苍，几天后一篇简评见报，巴普剧场也日渐红火起来。

一个名不见经传的小小剧场主，其言何以搬动了《纽约时报》这尊大神？那不正是步步紧逼、全力游说的结果吗？

采用迂回策略，也许更能说服人

要说服别人，尤其是那些固执的人，与其直截了当地硬碰硬，不如采用迂回的策略进行说服。

日常生活中，要想在劝说别人中取得理想的效果，要以真诚相待为前提，同时还要善于动脑，讲究说服的语言艺术。尤其是当对方固执己见，别人对其的说服沟通不见效果的时候，最合适的办法就是避其锋芒，以迂为直。

在说服的过程中，不直接挑明问题，循序渐进地将道理说明白；或者，用顾左右而言他的方式，使对方最终发现问题。尤其是在说服一些重要人物时，与其直截了当地提出请求害怕被拒绝，不如采用迂回的策略进行说服。

在生活中，有很多时候需要别人的帮助。当别人要拒绝你的要求时，不妨迂回绕开当时的话题，与对方巧妙周旋，然后再伺机行事，从而达到自己的目的。

劝说别人做出一个重大决定，直来直往反而"欲速则不达"。懂得说服技巧的高手，一定不会以硬碰硬，而会绕个弯子再回到事情的关键处，选择阻力相对最小的说服方法。既能避开对方的锋芒，又给了自己回旋的余地。在从容周旋、借题发挥的同时，才有可能达到自己的目的。

春秋时期，吴王要攻打荆地，警告左右大臣说："谁敢劝阻就处死谁！"一个年轻侍从想要劝吴王却不敢，便拿着弹弓、弹丸在后花园转来转去，露水湿透了他的衣鞋。接连三个早上都是这样。

吴王觉得奇怪："你为什么要这样打湿衣服呢？"侍从对吴王回答道："园里有一棵树，树上有一只蝉。蝉停留在高高的树上一边放声地叫着一边吸饮着露水，却不知道有只螳螂在自己的身后；螳螂弯曲着身体贴在树上，想扑上去猎取它，但却不知道有只黄雀在自己身旁；黄雀伸长脖子想要啄食螳螂，却不知道有个人举着弹弓在树下要射它。这三个家伙，都极力想要得到它们眼前的利益，却没有考虑到它们身后有潜伏的祸患。"吴王听后若有所思，随后取消了这次军事行动。

这就是著名的"螳螂捕蝉，黄雀在后"的故事，好一个经典的迂回策略！如果年轻的侍从针对吴王的决定直接劝谏，可能会越说越僵，甚至有性命之忧。而他采取了侧面说服的迂回策略，从而达到说服吴王撤兵的目的。由此可见，说服、劝人，要讲究迂回技巧——委婉巧妙的劝说，这样往往比死谏更有说服力。

在说服他人时，采取迂回方式，一点一点引导别人接受自己的要求。虽然可能要多走一些弯路，多废一些口舌，甚至多耗一些时间，但总比无功而返好。所以，在说服过程中，掌握迂回的说服技巧就离说服别人更近一步。

在实际的说服过程中，采用这种迂回策略往往是因为问题复杂，或因对方的身份不宜直接说服，在实际的操作过程中要注意以下几点：

1. 主题明确，迂回不离题

在用这种技巧进行说服时，切不可信口开河，泛泛而谈。无论怎么绕圈子，都要为你说服的主题服务。切忌在迂回中偏离主题，绕道太远，导致对方最终云里雾里，甚至觉得唠叨没有重点。

2. 说服中要坦然、自信

在迂回说服中，要做到态度坦然、自信。如果言辞闪烁、含糊其词，自己都没有自信，势必会引起对方的猜疑，对你产生不信任感，甚至会让对方误以为你说服背后的动机不纯，从而产生排斥心理。纵然在说服中对方提出的问题你不能如实答复，也不要直接否定，可以反问对方，借对方做出的选择再做回应。

3. 迂回事理避开对方所想

迂回技巧中所涉及的各种理由，尽量从一个他认为不可能的地方进行突击，这就有可能让对方的思维、判断脱离预定轨道，这样说出来的话才有分量，才能引起对方的注意。

在说服别人时绕个弯子巧妙地表明自己的态度，有时比直接提出自己的要求更能让人接受。

央求不如婉求，劝导不如引导

求人办事，一味地诉苦，央求他人帮忙，试图激发别人的同情心，是远远不够的。不如委婉地赞美对方的能力和权威。让他觉得如果他再不为你办事，他就会觉得不好意思。

在社交活动中，每个人都会有有求于人的时候。怎样才能顺利求得对方替你办事，而不至于被对方拒绝呢？很多时候，央求往往没有婉求的效果好，劝导没有引导的方式更容易使人接受。

在我们办事的过程中，总会遇到一些不肯合作的人。如果使用强硬的手段，不但解决不了问题，还很有可能把关系闹僵。对于这种情况，最好的方法就是有次序地、耐心地引导对方思考，将对方引入你设定的情景里，把对方夸赞到一定的高度，然后提出你的要求，这样会使你成功达到目的。有这样一个故事：

一天，有位老太太要买李子。老太太来到一家水果店，问店主："你店里有李子卖吗？"

店主马上迎上前说："老太太，买李子啊？我这里的李子有酸的也有甜的，您想买哪一种？"

"酸的。"

店主一边称酸李子，一边搭讪道："一般人都喜欢甜的李子，可您为什么要买酸的呢？"

老太太回答说："儿媳妇怀上小孙子啦，特别喜欢吃酸的。""恭喜您老人家了！您儿媳妇有这样的好婆婆真是福气。不过孕期的营养很关键，经常补充些猕猴桃等维生素丰富的水果，对宝宝会更好！"

这样，老太太不仅买了李子，还买了一斤进口的猕猴桃，而且以后经常来这家店里买各种水果了。

从这则小故事中不难看出，这位店主不仅满足了老太太的一般需求，而且还引导老太太发现她的新需求，使老太太产生了持久购买的兴趣，从而达到自己销售水果的目的。

由此可见，当你有求于人的时候，与其央求他，还不如用赞美的话去委婉地引导他。从对方的利益考虑，适时地提出与之相关的请求，这样他会比较感兴趣，拒绝你的可能性是最小的，你的要求达成的成功率是最高的。

求人办事不会事事如愿，有些事在自己未争取之前就已经明确了对方不肯允诺的态度，此时就应采取婉求和引导的办法。

婉求与引导都是以柔克刚的说话办事的艺术，婉求和引导别人办事的最大特点就是含而不露或露而不显。许多事直来直去很难达到目的，不如先引起别人的兴趣，绕个弯儿去办或许效果会好些。

有一个寓言故事：

有位车夫拉车上桥，坡很陡，走到半路实在拉不动了。他急中生智，用力顶着车把，放声歌唱起来。听到他这么一唱，前面的人都停下来观察他，后面的人想看看究竟发生什么事了，几步走过去追上他。

而车夫则趁着这个好时机请求大家帮着推车，于是大家一齐用力，车就这样被推上了桥。

这位车夫原本是求人帮忙，如果直接央求大家推车，大家可能会因各自忙于赶路，很难达成这个愿望。而用唱歌绕开推车的事情，当大家都停下来，围在自己周围，那他真实的目的也就达到了。这种求人办事的方式不露声色，浑然无迹。

由上面的例子不难看出，央求不如婉求，劝导不如引导。而婉求和引导的关键就在于学会运用一些婉转的方式，说一些婉转的话。要"引"得巧妙，"导"得自然，可以从以下几点做起：

1. 明确目的，有的放矢

所有的引导内容都应紧密地为目的服务。要做好这一点，就应该从了解对方的心理着手。在弄清对方的真实想法后，顺着对方的心思，围绕自己的目的，委婉地提出自己的请求。

2. 循序渐进，层层深入

引导不能急于求成，而应采用由小到大，层层深入的方法。先从容易完成的事入手，这样就可以一步一步地消弱对方的防范心理，促使对方的态度一点一点地发生改变，就这样由小到大地逼近预定目标，最终就会很愉快地达成你最初的愿望。

3. 深思熟虑，随机应变

在和他人正式谈话前，要认真构思，事先把各方面的关节想清楚，对于对方可能会怎样应对应有所预料。谈话中又要针对实际情况，随机应变，使对方认同自己的观点，从而营造一个合适的氛围，最终使对方最大可能地满足你的需求。

总之，要想达到求人办事的目的，就要学会运用一些婉转的方式，说一些婉转的话，它会使你事半功倍，同时也很好地体现出你的语言能力。用婉求、引导的技巧说服人，这往往是一种与人合作、求人办事的聪明的策略。

"层层剥笋"让他"束手就擒"

笋在成为竹子之前，是有多层外皮包裹的，剥笋时总得一层层地剔开，才能剥到我们所需要的笋心。所谓"层层剥笋"，就是在说服他人的过程中紧扣主题，从一点切入，由小至大，由远至近，由浅到深，由轻到重，逐层展开，直至揭示问题的本质，进而达到其目的的说服方法。恰当地运用层层"剥笋术"，可使我们的论证一步比一步深化，增强我们语言的说服力。

孟子觉得齐宣王没有当好国君，于是对齐宣王说："假如你有一个臣子把妻子儿女托付给朋友照顾，自己到楚国去了，等他回来时，他的妻子儿女却在挨饿、受冻，对这样的朋友该怎么办呢？"

齐宣王不知道孟子的用意，于是非常干脆地回答说："和他绝交！"

孟子又问："军队的将领不能带领好军队，应该怎么办呢？"

齐宣王也觉得问题太简单，于是以更加坚定的语气回答："撤掉他！"

孟子最后问道："一个国家没有被治理好，那又该怎么办呢？"

齐宣王这才明白了孟子的意思——国家治理不好，应该撤换国君。虽然齐宣王不愿接受这种观点，但是在孟子层层剥笋的巧妙言说之下，也只有忍了下来。

复杂难说的事要由浅入深地论证说明，假如孟子一开始就提出第三个问题，齐王肯定要发怒。我们在劝说别人的时候可以使用这种方法。

战国时，楚襄王是个昏庸的国君。大夫庄辛直言进谏，楚襄王非但不听，还训斥庄辛是"老糊涂"。庄辛只好离开，到了赵国。不久，秦国占领了楚国大片的国土。楚襄王有所醒悟，于是把庄辛找回来商量对策。

庄辛于是变直言进谏为"层层剥笋"，连设四喻，从小到大，由物及人，层层递进，步步进逼："蜻蜓捕食虫子，自以为很安全，却不知道小孩子用蜘蛛网捕捉它，一不留神就会成为蚂蚁的食物。黄雀俯啄白米，仰栖高枝，自以为无患，谁知公子王孙将要把它射下，调成佳肴。天鹅直上云霄，自以为无患，谁知射手要把它射下来，做成食物。蔡灵侯南游高丘，北登巫山，饮茹溪之水，食湘江之鱼，左手抱了年轻的美女，右臂挽着宠幸的姬妾，不以国政为事，哪知道子发受了楚王之命要把他杀掉。大王您左边有个州侯，右边有个夏侯，御车后跟着鄢陵君和寿陵君，您食封地俸禄之米粟，用四方贡献之金银，同他们驰骋射猎于云梦之间，而不以天下国家为事。您不知穰侯正接受了秦王的命令，他们的军队要占领我们的国家，把大王驱赶到国外去呢！"

这一席话，听得楚襄王"颜色变作，身体战栗"，使他明白自己到了非纳谏不可的境地。

战国时期，说服秦王破六国合纵从而兼并天下的张仪采用的也是"层层剥笋"的方法，秦王才有了趁胜统一中国的决心。

张仪认为秦王缺乏远大的战略眼光，不能抓住大好战机，穷追猛打，使山东诸侯得以喘息，卷土重来，合纵攻秦，以致出现六国"当亡不亡"、秦国"当伯（霸）不伯"的局面。为了促进秦国统一中国的大业，张仪向秦昭王献策说："我听说，天下诸侯——赵与北方的燕、南方的魏，联结楚、拉拢齐，又纠集残余的韩，结成了合纵的局面，将要向西来与秦国对抗，我私下里讥笑它们不自量力。世上有3种导致灭亡的情况，而山东六国都具备了，大概说的就是它们的合纵吧！我听人说：'混乱的国家去进攻安定的国家，就会灭亡；邪恶的国家去进攻正义的国家，就会灭亡；倒行逆施的国家去进攻顺天应人的国家，就会灭亡。'现在六国的财物不足，粮仓空虚，他们即使出动全部的士民，扩大军队至几十万、上百万，临战之时，前面有敌人雪亮的刀剑，后面是自己一方斩伐逃兵的斧质，可是士卒还是纷纷后退不肯死战。不是他们的百姓不能死战，而是六国的君主不能够使百姓死战。该奖赏的不给奖赏，该处罚的不处罚，赏罚都不能兑现，所以百姓不肯拼死作战。

"现在秦国颁发号令，施行赏罚，有功无功都视其业绩而定，没有偏私。秦人虽说从小生活在父母的怀抱之中，生来不曾见过敌寇，但是一旦听说打仗，便跺脚脱衣，踊跃参战，冒着敌人的刀剑，踏过地上的火炭，决心拼死，勇往直前的人到处都是。决心拼死和贪生怕死是不同的，秦国士民能做到决心拼死，是因为秦国提倡勇敢。因此，一个可以战胜十个，十个可以战胜百个，百人可以战胜千人，千人可以战胜万人，万人就可以战胜天下诸侯了。现在秦国的土地，截长补短，方圆数千里，威名远扬的军队数百万，再加上秦国号令赏罚严明，地理形势有利，天下各国没有哪个比得上。凭借这些有利的条件对付天下诸侯，秦国统一天下是很容易的。由此可知，只要秦军出战，没有不获胜的；秦军进攻，没有不能攻下的；秦军抵挡的敌人，没有不被打败的。按说一战就可以开拓国土几千里，可以建立很大的功劳。可是眼下军队疲惫、百姓困苦，积蓄用尽、土地荒芜、粮仓空空，周围的诸侯不肯臣服，霸王的名声没有成就，这没有别的原因，是因为谋臣没有尽忠的缘故。

"而且我听说，'诚惶诚恐，小心戒惧，就能一天比一天谨慎'。只要做到谨慎地选择达到目的的途径，就能够统一天下。怎么知道是这样呢？从前，纣做天子，统帅天下百万将士，向左饮水于淇谷，向右饮水于洹河，淇谷的水喝干了，洹河的水也不流了，用这样众多的军队和周武王对抗。武王率领穿着白色盔甲的三千将士，只经过一天的战斗，就攻陷了纣的国都，活捉了他本人，占据了他的土地，获得了他的人民，而天下的人没有谁为纣哀伤。智伯统帅智、韩、魏三家的军队，到晋阳去攻打赵襄子，挖开晋水淹晋阳，历经三年，晋阳将要陷落了。襄子派遣张孟谈暗中出城，策动韩、魏毁弃与智伯的盟约，得到两家军队的配合，去攻打智伯的军队，捉住智伯本人，成就了襄子的功业。

"我冒着犯死罪的危险，向您进献的方略可以用来一举拆散诸侯的合纵，攻下赵国，灭亡韩国，使楚、魏称臣，使齐、燕来亲近，使您成就霸王之业，让四邻诸侯都来朝拜秦国。假如大王听了我的主张，但诸侯的合纵不能拆散，赵国不能攻下，韩国不被灭亡，楚、魏不来称臣，齐、燕不来亲近，您霸王之业不能成就，四邻的诸侯不来朝拜，大王就砍下我的头在全国示众，把我看作替大王谋划而不尽忠的人吧！"

张仪的陈词慷慨洒脱，逻辑严谨，秦王因此被说动，为天下的大一统拉开了序幕。

运用"层层剥笋"法进行说服，需要在说服前，把论证方案设计得环环相扣，天衣无缝。如此一来，对方才有可能在我们的说服逐层展开的过程中"束手就擒"。

一开始就先声夺人，让对方屈服

人总是欺软怕硬的，遇到弱小的一方总是喜欢以强欺弱，非要把对方逼到无路可退的境地，这是人的一种劣根性。如果你居于弱势地位，当对方不肯轻易顺从你的意见，甚至摆出一种居高临下的姿态时，你可以一上来就开始以"恐吓"压制住对方，从而让对方屈从和改变主意，反客为主，从而占据主动地位。

《三国演义》中讲到，曹操率领大军南征，刘备败退，无力反击，大有坐以待毙之势。以刘备自己单独的力量，绝对无法与曹操的势力相抗衡，解决的办法只有一个，就是与江东的孙权联手。此时，诸葛亮自愿出使到江东做说客。他并不是像一般人那样低声下气地求孙权，而是采用"反客为主"的方法，表现出一副强硬的态度，硬是激发了孙权的自尊心。

当时，东吴孙权自恃拥有江东全土和十万精兵，又有长江天堑作为天然屏障，大有坐观江北各路诸侯恶斗的态势。他断定诸葛亮此来是做说客，就采取了一种居高临下的姿态等待着诸葛亮的哀求。

不想诸葛亮见到孙权，开门见山地说道："现在正值天下大乱之际，将军你举兵江东，我主刘备募兵汉南，同时和曹操争夺天下。但是，曹操几乎将天下完全平定了，现在正进军荆州，名震天下，各路英雄尽被其网罗，因而造成我主刘备今日之败退。将军你是否也要权衡自己的力量，以处置目前的情势？如果贵国的军势足以与曹军相抗衡，则应尽快与曹军断交才好。"

诸葛亮只字不提联吴抗曹的请求，因为他知道孙权绝不会轻易投降，屈居曹操之下。孙权听完诸葛亮的一席话，虽然不高兴，但不露声色，反问道："照你的说法，刘备为何不向曹操投降呢？"

诸葛亮针对孙权的质问，答道："你知道齐王田横的故事吗？他忠义可嘉，为了不服侍二主，在汉高祖招降时不愿称臣而自我了断，更何况我主刘皇叔乃堂堂汉室之后。钦慕刘皇叔之英迈资质，而投到他旗下的优秀人才不计其数，不论事成或不成，都只能说是天意，怎可向曹贼投降？"

虽然孙权决定和刘备联手，但面对着曹操八十万大军的势力，心里还存在不少疑惑——诸葛亮看出这一点，进一步采用分析事实的方法说服孙权。

"曹操大军长途远征，这是兵家大忌。他为追赶我军，轻骑兵一整夜急行三百余里，已是强弩之末。且曹军多系北方人，不习水性，不惯水战。再则荆州新失，城中百姓为曹操所胁，绝不会心悦诚服。现在假如将军的精兵能和我们并肩作战，定能打败曹军。曹军北退，自然形成三分天下的局面，这是难得的机会。"

于是，孙权遂同意诸葛亮提出的孙刘联手抗曹的主张，这才有后来举世闻名的赤壁之战。诸葛亮真不愧为求人高手。

活着就是一种对抗，如果你不想被对方压倒，那你就得先声夺人，反客为主。时刻占据上风才能赢。

第三章　培养社交口才的方法

　　讲话最根本的两点其实就是"说什么"和"怎么说"。"说什么"就是你说话的内容，针对不同的场合，你的说话主题应该有一定的变化；"怎么说"就是怎么把这些话表达出来，针对不同的场合，你需要采取有针对性的说话技巧。

什么场合说什么话

你可能会遇到这样的情形——一个人拍拍你的肩膀，然后说：
"请给大家说两句。"而这个时候，你多半正在津津有味地倾听别
人精彩的谈话，或者正在考虑明天怎么向你的顾客推销商品。但
是你发现，人们的目光很快地转移到你的身上来了。而你大概还
没弄清楚是怎么回事的时候，大家就一致欢迎你讲话了。你可能
会觉得比较尴尬，因为你根本没有打算站起来说话。

在这样的时候，最好的办法是：你先随便说上几句无关紧要的
话，争取一个喘息的机会；然后开始讲适合这个场合的、与对方
关系密切的话题。因为对方永远只对自己和自己正在做的事情感
兴趣，所以，你可以就地取材，围绕对方的关注点或当时的场合
抓取话题。当然，这个话题你必须熟悉。

讲话最根本的两点其实就是"说什么"和"怎么说"。"说什么"
就是你说话的内容，针对不同的场合，你的说话主题应该有一定
的变化；"怎么说"就是怎么把这些话表达出来，针对不同的场合，
你需要采取有针对性的说话技巧。交际场合经常会出现这样的一
种情况：有的人侃侃而谈、口若悬河；有的人却呆坐半天、一声
不响，即使有时候想说话，也会因为找不到合适的话题和方法而
无从谈起。

不管是即兴说话，还是准备充分的说话，你都必须设法围绕
特定的场合展开。你必须关心的有两点，即当时的人和当时的场
合。你可以谈论跟对方有关的话题，说说他们是谁、正在做什么，

特别是他们为社会和人类作了什么贡献，等。

关于场合的问题，确实十分复杂。你可以讲这次聚会的缘由，比如它是周年纪念日，还是表扬大会，或是年度聚会，或者是政治性或商业性聚会。由于前来参加聚会的人与聚会主题都有一定的联系，如果你就此发表你的谈话，当然能够吸引对方的注意力。

最成功的讲话，都是做到了因地制宜。尽管这种讲话是针对一定的场合的，它们就像昙花一现一样，一般都只在特殊的场合、特殊的时刻展现，但是产生的效果却不容忽视。在你还没有想到之前，人们已经把你当作说话高手了。

你在说话的时候总是会以一定的社会角色——可能是一个医药学专家，也可能是一个律师——出现在人们面前，所以当你出现的时候，人们总是容易把你的社会角色和你联系起来。但是在不同的场合，你的身份可能会有变化。比如，作为医药学专家的你出现在一个朋友的聚会中时，如果没有人提及，你可能并不需要大谈你的医学知识，这时候你的身份只是一个普通的朋友，而不是你的专业角色；但是当你出现在学术座谈会上时，你需要展现的当然应该是你渊博和专业的医药学知识，这时候你的角色便也需要发生变化。因此，我们在不同的场合说话时，一定要注意自己的身份。

中国的语言十分有特色。有一次，某地举行修辞学年会。会长在开场的时候这么说："先让我这老猴耍一耍，然后你们中猴、小猴接着耍。我老猴肯定耍不过你们中猴、小猴，但是总是要开个头的。"代表们听了觉得很有意思，都笑着鼓掌，大家的情绪被带动起来了。会长是与会者中的权威，又年近古稀，他把自己比做老猴，把其他与会者比做中猴、小猴，不但形象地描述出了老、中、青三代学者共聚一堂，而且显得非常幽默。并且，在修辞学的研讨会上，会长故意用这种修辞表示自谦，与主体身份、客观对象以及具体场合都十分协调，因而取得了非常好的效果。但是，假如一个中年学者说"我是中猴，先让我来耍一耍，然后你们老猴、小猴接着耍"，即使他是会长，这么说也很不得体。这会使听的人产生反感，而且把年纪大的学者比作老猴是不尊重他们的表现，因为以他的身份是不能这样打比方的。所以，我们一定要把握好当时的场合下自己的身份是什么，之后再开口说话。

在不同的场合，当我们的角色发生改变的时候，我们需要说不同的话。比如某一天，你先与室友交谈，然后去上课，最后回到家和妈妈交谈，另外你还有可能参加了一次义卖活动。在这一天你的角色转换了许多次，有朋友身份、学生身份、孩子身份、商家身份、慈善者身份等，每一种身份都决定了你应该怎么说话。

我们在不同的场合说话，还必须符合当时的语境，也就是说，我们所选择的话题、表达的方法和说话的结构都要切合特定的场合，符合特定的时间、地点和人物等因素。

如果参加一个满月宴，人们会期望我们在仪式中说："这个孩子真漂亮。"但是如果你说，"这孩子我可不大喜欢，他长得太奇怪了"，就会引来无数责备的目光。在婚礼上，我们应该祝福新婚夫妇幸福、白头偕老，而且不要忘记称赞新娘很漂亮。

如果你在非洲东部的农村，遇到了一个非常熟悉的人却只是简单地说了一声"你好"，你可能会被别人认为很无礼，而且你也无法跟他们处好关系；你应该停下来，耐心细致地询问对方的家庭、家畜和健康状况。有些地方，在婚礼上对新婚夫妇说希望他们会有很多儿子是适合的。但是在美国，如果你还这么说的话，就会被认为是十分突兀和无礼的。

实际上，很多人偏偏做不到这一点。比如，水管工人可能会告诉你，你家的厕所需要一个新的套筒垫圈，可通常不会告诉你这是个什么东西——这会使你很茫然——因为他根本没有意识到他面对的是一个对水管修理一窍不通的人。显然，对他而言，这是一次失败的沟通。他应该告诉你套筒垫圈是什么东西，应该买多大的，最好还告诉你到哪里去买最实惠。

一位在夏威夷悠闲度假的文艺家接受了电视节目的采访。女记者这么问他："您这些天感觉好吗？"她本来可能是想问，"您是否每天都如此悠闲地享受生活"，殊不知，她问的那句话是在询问别人的身体状况时才用的。结果，那位文艺家也只好平静地回答："是的，托你的福。"

如果你在董事会上大大咧咧的，像平时对待同事一样，一点儿都不注意说话策略的话，你很有可能会给他人留下不好的印象，从而面临失业的危险。

依据场合确定说话策略：

确定你所处的是什么样的场合，包括你要面对的人、事和环境。

主题可以不变，但是说话方法一定要随场合的不同而改变。

没有人可以不加变通地说话。成功的方法其实很简单，那就是针对不同的场合，用不同的方法说不同的话。

真正高明的说话技巧都是针对一定的人和场合的。

根据听众决定说话策略

我们已经讲过，说话不是说话人一个人的事情，而必须考虑听众。我们讲话的目的，是要表达自己的观点给别人听。那么，能否达到这个目的，最终的决定因素还是听众。因此，我们在说话时，要尽量使用适合对方的表达方式，即根据听众决定我们的说话策略。

遗憾的是，我们没有一种放之四海而皆准的说话艺术来使你轻易地掌握说话技巧。在说话之前，你有必要对下列问题仔细地进行考虑：你要对谁讲、将要讲什么、为什么要讲这些内容以及怎么讲等。

同样的一种说话策略，对不同的人为什么不一定适合呢？这是因为人的心理素质、性格、受教育程度、成长环境等都不相同。比如，我可以对害羞的 A 小姐进行鼓励，以建立她的自信，从而使她能够站起来当众说话；对好辩的 B 先生则进行容忍训练，让他给别人说话的机会，使得他不会因为自己的冲动而失去顾客。之所以采取不同的策略，就是因为 A 小姐和 B 先生的性格不同。

不同的人接受他人意见的方式和敏感度是不一样的。一般来说，文化水平较高的人不屑于听肤浅、通俗的话，对他们应该多用抽象的推理；文化层次较低的人则正好相反，他们听不懂高深的理论，对他们应该多举明显的例子。对于那些刚愎自用的人，不必循循善诱，你可以用激将法；对于喜欢夸大的人，不必表里如一，可以进行诱导；对于生性沉默内敛的人，不妨语重心长地诱导；对于脾气暴躁的人，说话要简洁明了；对于思想顽固的人，要看准他感兴趣的东西，然后通过这些兴趣点改变其思想。只有知己知彼，你才能取得说话策略的最好效果。

罗素·康维尔前后发表过以"发现自我"为题的著名演说近6 000次。你或许会感到不可思议，或许会认为重复这么多次的演讲，其内容应该已经根深蒂固地刻在演讲者的脑海中了，所以每次演讲时连用词、音调都不会做任何改变了。

事实并非如此。康维尔博士知道，听众的知识水平与背景各不相同，只有让听众感到他的演讲是有针对性的、活生生的东西，是特意为他们准备的，这个演讲才会引起他们的兴趣。他是怎么做到这一点的呢？他是怎么在一场又一场的演讲中成功地维系着自己和听众之间轻松愉快的关系的呢？请听听他自己的回忆：

"在到了某一个城市或镇上后，准备发表演讲之前，我总是先去拜访当地的经理、学校校长、牧师等有知识或有名望的人，然后走进那里的商店同人们谈话，这样我就可以了解当地的历史和他们个人的发展机遇。之后，我才发表演讲，并在演讲中和他们谈论他们感兴趣的话题。"

康维尔博士非常清楚地知道，成功的沟通必须要让演讲者成为听众的一部分，同时也使听众成为演讲的一部分。尽管他重复了近6 000次的演讲成为人们最欢迎的演讲，但我们却找不到演说词的副本。虽然这一主题的演讲他已经面对数不清的人们发表过，但内容却是不同的，因为他面对的是不同的人。

有一条船航行至海上时，突然发生了意外。船长命令大副去叫乘客弃船。大副去了半天，结果却悻悻而回。他说："他们都不愿意弃船，对不起，我实在没办法了。"

船长只好亲自到甲板上去。不一会儿，他便微笑着回来了，然后对大副说："他们都跳下去了，我们也走吧！"

大副很惊讶，于是问船长是怎么做到的。

船长说："我首先对那个英国人说'作为绅士，你应该做出表率。'他就跳下去了。接着，我对法国人说'那种样子是很浪漫很潇洒的。'于是他也跳了下去。然后，我板着脸对德国人说'这是命令，你必须跳下去。'于是德国人也跳了下去。"

这虽然可能不是一件真实的事，但是却说明了一个道理，你也许已经有所感悟，我们在说话时，应该时时记着特定的听众。而在说话之前，我们应该知道这些听众是什么样的听众。具体应该如何做呢？至少有以下几点你需要注意：

你必须谈论对方真正感兴趣的话题，这是接触对方内心思想的妙方，这样的话你就已经成功了一半。每一个拜访过罗斯福总统的人，都会对他渊博的知识感到十分惊讶。波赖特福是研究罗斯福的专家，他解释说："不论是牧童、骑士，还是纽约的政客、外交家，罗斯福都知道该和他谈论什么话题。"而之所以能做到这一点，是因为罗斯福总是会在访客到来之前，翻阅一些对方特别感兴趣的资料。

你必须使用对方熟悉的事例来说明你的观点。也许你辛辛苦苦地说了半天，却还是没有把自己的意思向听众们解释清楚。我的建议是：不妨把你的理论和听众熟悉的事情做比较，告诉他们这件事情和他们所熟悉的那件事情道理是一样的。

当化学家向小孩子介绍催化剂对化学工业的贡献时，如果他说"这种物质能让别的物质改变而自身不会发生改变"，小孩子应该很难理解。

　　但是，化学家可以说："它就像个调皮的小男孩，在操场上又跳又打又闹，还推别的孩子，结果自己却安然无恙，从没有被人打过。"这不是更加容易使小孩子们理解吗？

　　如果你是一位医生、律师或经济学家，当你打算向外行人介绍一些你的专业知识时，千万要慎用专业术语，即使用了专业术语也必须极为小心地做详细的解释。

　　我曾经听过无数次失败的演讲，演讲者并非没有渊博的专业知识，有些甚至还有不错的演讲技巧，但是他们的不小心却使得他们失败了，而且败得很惨。为什么？因为他们忽视了一点，那就是：一般听众对他们的行业缺乏了解，可是他们却高谈阔论，在自己的演讲中大量地使用专业术语，使得听众越听越迷茫。他们的演讲简直如同天书，所以才会毫无效果。

　　因此，记住亚里士多德的一句话："思维如智者，说话如众人。"不过，我并没有说绝对不要用术语。当你想用专业术语的时候，你必须谨慎地向听众进行解释，这样才能使他们懂得你说话的主旨，而那些需要一再使用的关键词则更是这样。

　　根据对象决定如何说话：

　　必须对对方有充分的了解。

　　当你说话的时候，不要想当然地认为对方会了解你说话的内容。

　　尽量不要使用只有你个人才熟悉的词语。

　　尽量把话题引导到对方感兴趣的话题上来。

　　不要大量使用空洞的词汇，你可以多举一些事例来加强对方的理解。

话要说到点子上

一个朋友对你说一件他经历过的事情时这样说："我到一家公司去谈业务。那家公司在××街的转角处，门牌号是××。××街正在修马路。我记得这家公司以前不在这个位置，以前应该是在××街，也可能不是。我去那家公司遇到了……"

虽然他讲了一大堆话，但是你发现你根本不知道他想要讲什么。后来他终于讲到他在那家公司遇到了一个老同学，你才恍然大悟，明白他要讲的原来是这件事。

其实他不必说那么多话。他为什么不直截了当地把要表达的意思说清楚，却说了那么多的废话呢？那是因为他没有说到点子上。

你可能也面临过这样的困境：当你费尽九牛二虎之力终于讲完话的时候，对方却仍然一片茫然，他根本没有听出来你打算表达什么意思，直到你最后强调了你的观点之后，他才会说："哦，原来你要说的是这个！"

我们都知道这么说话的效果很差，因为你既没有让别人明白你的意思，又没有使你的话具有很强的说服力。原因在哪里？因为你没有说到点子上。

很多人在表达观点时，喜欢到最后才引出自己的结论。这是他们在中学和大学里学到的技巧。这样做导致的结果是，在得出主要观点或者结论之前，对方早已对你所说的话没有兴趣了，因为他们已经没有足够的耐心了。这也是由于你没有抓住重点。

有人认为，说话说得越长代表说话者的水平越高。这是一种错误的看法。主祷文仅有 97 个字，如果把它的篇幅增加一点，你认为它还有那么大的感召力吗？

事实上，无论事情多么复杂、道理多么深奥，都只是那么一点或者几点经过概括和抽象的认识。而这些认识，是精华，是核心，是本质。只要抓住它们，你就能使你的讲话言简意赅、简练有力。

当你和别人交谈时，你说了一大段话才把观点表达清楚，或者你自己都不明白自己在讲什么，尽管对方表现得彬彬有礼，可他们还是会面带倦容。你完全可以说得更加简练些，用尽量少的话表达你的观点，即抓住你说话的重点。

当然，如果你觉得必须用一篇论文才能说清楚你的观点，我并不反对。但是如果事情明明可以用一句话说完，你为什么非得把它说成一篇论文呢？根据我的经验，长篇大论一般都会损害你说话的内容。当你把观点写成论文的时候，你必然会用许多与你的观点毫无关系的词语来填充你的论文，从而使你说过多的废话。

上面的道理听起来似乎很简单，但是人们往往因为各种原因，在实际讲话的时候忘记了这一点。

约翰是美国加利福尼亚的一个富翁。某年他飞往国外，准备在当地寻找合作伙伴投资建厂。三天后，该国某厂的一位经理跟他进行了商业谈判。这位经理十分能干，通晓市场行情，约翰对他十分满意。他接着对合资企业的前景作了一番令人鼓舞的描绘，约翰感到十分高兴。正准备签约时，这位经理颇为自豪地说："我们公司 2 000 多名职员，去年共创利 100 万美元，实力绝对雄厚……"

约翰一听，心里想：2 000 多名职员一年才赚这么一点钱？

这与自己的预期利润相差太多了，而且，这位经理还这么自豪和满意。于是约翰当即终止了合作。

试想一下，如果那位经理不说那句沾沾自喜的话，谈判就一定成功了。正是他不着边际的话暴露了他和公司的弱点，从而使他失去了这笔重要的业务。回想起来，那位经理一定会十分痛心。

我们经常看到，有的人滔滔不绝地讲话，然而词不达意或语无伦次，让人听了生厌，还有些人则喜欢夸大其词。我们在说话的时候，一定要把多余的话去掉，准备一些简单明了的话，一开口就往点子上说，千万不要生拉硬拽，令人不知所云。

话要说到点子上：

把废话从你的讲话里面剔除出去，废话只会使对方对你的讲话失去兴趣。

可以用一句话表达清楚的事情，绝对不用更多的话。

时刻不忘说话的主题，它就像一个统帅一样，把凡是不属于它率领的"杂牌兵"统统赶出队伍。

训练使用一些简单明了的概念来表达你的观点。

要把握说话的分寸

中国有句古话含有十分深刻的哲理，那就是"过犹不及。"意思是事情做得过头，就跟做得不够一样都是不可取的。

这句话运用到口才训练中也照样有用。我在前面说过，我们要鼓起勇气，站起来说话。但是我也同样说过，要多给别人说话的机会，不要使自己说得过多。不说话和说得太多，都是你当众说话时必须要避免的。这就是说，说话要注意把握量，既不能说得太多，也不能说得太少。

另外，你在说话时也要注意把握说话尺度，虽然这好像是一件十分麻烦的事情。比如，当你要赞美一个人有学问的时候，你既要让对方知道你是真心地敬佩他，也不要赞美得过分，免得让对方误解你有什么不良企图，从而怀疑你的真诚。真诚的赞美一般是符合实际情况或者与实际情况稍有出入，但是过度的赞美却是远远不符合实际情况的。比如，当你看到一个患了痴呆症的小孩时，你却对他的母亲说"你的孩子看起来很聪明。"不论你有多么真诚，他的母亲都一定会以为你不怀好意，甚至会以为你是在讽刺她。你可以说"你的孩子看起来很健康。"这样，效果就会好很多。

当你需要指出对方的缺点的时候，你既要让他知道自己确实有缺点，必须加以改正，又不能伤害他的自尊心。

当然，你还需要在更多的别的地方注意说话的分寸。比如，你应该谦虚，但是却不能过于谦虚，否则对方会认为你很虚伪；当你被邀请站起来说话的时候，你不能一个劲地向听众表示你没有做多少准备，这样他们会厌恶你的。

不同的分寸需要针对不同的人。如果他是你的朋友，你可以对他开玩笑，他不至于对你发火；但是如果你过多地跟另一个朋友开玩笑，他很有可能嘴上不说，心里却已经对你不满。你可以对这个朋友开玩笑，却不能对那个朋友开玩笑，这并不代表前一个朋友与你的关系好一些，而是因为每个人都是不一样的。

当你决定开玩笑时，首先要注意你的这个朋友是否经得起你的玩笑以及他能够忍受的限度。如果此人平时就喜欢和大家一起开玩笑，任你如何开玩笑他都不会动气，那么你可以选择他。但是有的人虽然喜欢跟人开玩笑，但一被别人取笑就既无立刻还击的聪明才智，又无法接纳别人的玩笑，最后只能自己在心里生闷气，这样你最好别选择他。

还是以开玩笑为例，即使对经得起开玩笑的朋友，你也不能过分地开玩笑。据我观察，普通的一句玩笑是一般人都可以接受的，但是如果你专对一个人开玩笑，那么这个人即使再大度也会被你激怒的。一般而言，开玩笑要避免伤及对方的自尊，如果让对方太难堪，那么就失去了开玩笑的意义。

分寸还要针对不同的场合。在比较正式的场合，你需要一定的礼貌，这样能使你得到别人的好感，但是也不宜过于死板；而在比较随意的场合，如果你还那么礼貌的话，你会被别人认为死板和不易亲近。

同样地，我在前面提到过要跟别人分享你特殊的经验，这是一种简单而有效的谈话方式。但是，这并不意味着我支持你向所有人公开自己的全部秘密，也不是要你一味地说自己的事情。事实正好相反。你只要想一想，你真的想知道邻居得了什么样的胆结石吗？你希望听你的朋友没完没了地谈论他在丈母娘家度过的周末吗？你根本不会感兴趣，因为这些东西对你没有用处。而一个人之所以对你的话题感兴趣，是因为你的事情对他来说有用。

这么说来，要把握说话的分寸确实很麻烦，但这又是我们必须要注意的。除了上面提到的问题外，下列几个方面也值得你注意：

正确又恰当的称呼，既体现了你对对方的尊敬和你们之间的亲密程度，又反映了你的素质。人们通常对称呼十分敏感，尤其是初次交往的时候。有时称呼不当会使交际双方产生严重的交流障碍。

称呼不仅仅是一种礼貌。不论你怎么去称呼他人，你都必须强调这样的一层意思，即"你很重要""你很好""我对你很重视"。这一点我将在以后详细讲述。

需要注意，对初次见面或你还不熟悉的人，一般不要询问对方的健康状况，这会让人觉得很唐突。只有在和很亲密的人在一起的时候，你才需要对他的健康状况表示关心。

除非你很清楚对方的立场，否则应避免谈及具有争议性的话题，如宗教、政治、党派问题等。

对对方的问题可以表示关心，但是涉及他人隐私的问题则不要轻易接触，比如对方的年龄、薪酬等。

不要和他人提起他所遭受的伤害，比如他离婚了或是有家人去世等。当然，如果对方提起，则要表现出关心，要让他知道你很同情他，但是不要为了满足自己的好奇心而追问一些他不想告诉你的事情。

把握说话的分寸：

讲话尽量符合客观实际，不要夸大其词。

要拿出你的真诚来，使对方相信你。

懂得什么时候说什么话、什么场合说什么话。

把你应该说的话说完，把你的意思表达清楚，不要说你不应说的话。

说的话要引人入胜

一般而言，人的注意力很不容易集中，除非你的谈话有足够的吸引力。当你以低沉的语气围绕某一个主题平铺直叙时，对方很容易感到乏味，从而导致注意力不集中。

在一次不甚精彩的演讲中，听众中间有一个人站起来离开了。他的妻子站起来对大家解释说："请原谅我的先生，他有梦游的毛病。"连演讲的人都笑了。

如果你不想在你讲话的时候出现这样的情况，就必须学会抓住对方的注意力。如果你发现对方根本没有注意到你在讲什么，就必须改变你的话题（当然，是暂时的），或者改变你讲话的方式。

引人入胜的好处——它能使对方被你的话吸引住，从而被你说服。你必须使自己的讲话引人入胜，这样才能吸引对方。

一位政治家跟一群农民闲谈关于政治的话题。他发现当自己讲了一大段话之后，农民们还是心不在焉，没有认真听他说的是什么。于是他给他们讲了一个幽默故事：

"三个年轻人救起一个不慎落水的政客。为了报答他们，政客说可以尽量帮他们实现愿望。

第一个年轻人说：'我希望进入西点军校，但是我的成绩不理想。'

政客回答说：'没问题，你能进了。'

第二个年轻人说：'我申请进入安娜波利大学，但是遭到了拒绝。'

政客回答说：'不用担心，你可以进去了。'

第三个年轻人说：'我希望被埋在阿灵顿国家公墓。'

政客很吃惊，问他：'公墓？为什么？'

那个年轻人回答道：'如果我父亲知道我救了你，我会被他杀掉的！'"

农民们大笑起来。政治家接着说："看来，一般人对政治家很有偏见，可那是因为对政治不够了解……"农民们很快就认真地听政治家讲话了。

这位政治家说了一个幽默故事以吸引对方来听他讲话，他的方法十分巧妙。幽默可以营造气氛、松弛情绪，让你和对方之间建立友好的关系。如果办得到的话，在你的谈话中适当插入幽默故事，会使对方对你的谈话更加感兴趣。

当然，以上所说的这些并不是吸引对方注意力的全部方法。我们在实际的讲话过程中，需要自己去积累、总结这样的方法，然后用到讲话中去。

一般而言，我们在做到引人入胜这一点上，需要注意以下一些问题：

风格：

你必须具有自己的风格，这样才能展示属于你的东西。比如，大多数人喜欢讲话者风格明快，也不排除有人喜欢风格低沉的讲话。但是，如果可能的话，尽量使自己的讲话属于明快型的。

声音：

人们听到的是你的声音，而不是其他的东西。如果你的声音很动听，而且你把握好了怎么去说每一个语句，必定能吸引更多的注意力。

语气：

说话时要注意你的语气，不要太轻，也不要太重。

思路：

你需要表达得更有条理，这就是你的思路。在讲话的时候，你要想清楚自己要讲什么、怎么讲、讲到什么程度，你应该把话说得清楚、果断而且有条理。

引人入胜的方法：

在你开始讲话的时候用幽默导入，当然，在以后也可以适当地用这个方法。

可以用具体的事例来吸引人，但是你选的事情必须和你的主题有关系，并且需要适时过渡到你的主题上。

在你开始讲话的时候适当地设置悬念，这样会收到很好的效果。

在一次谈话中，这些方法不要使用得过多，否则你的思维会变得混乱。

学会保持神秘感

如果你渴望在社会交往中在保持良好的人际关系的同时，得到更多仰望的眼光，那么就要掌握与人保持适度距离的技巧。保持适当的神秘感，会让你更有吸引力。

人们总说，得不到的东西是最好的，在没有得到之前，总有丰富的想象空间。狮子般的人一旦与人亲近，便失去了威严。这就是重要人物总是为保持神秘感，减少在公众场合露脸次数的原因。所以保持适当的神秘感，会让你更有吸引力。

　　不要说太多关于自己的事情，如果从自己出生开始到现在的一切，你都对他说得一清二楚，那你对他就根本没有神秘感可言。因此，若提到自己的事也要坚持不说某一时期或某些话题，留出一段空白的岁月。

　　他若邀请你外出游玩，不妨告诉他，你很想去，可惜先有其他约会。这种做法，必然可以刺激他对你的兴趣，男孩子大都喜欢去追一个炙手可热的女孩，竞争者愈多，他愈感到兴趣盎然。得到这样的女孩，他才会觉得越荣耀。

　　绝对不让他送到家门口。男女约会后，通常男方会送女孩回家。这时候你可以特别指定只让他送你到车站或巷口，且绝对不跟对方说明理由。这种做法也能制造神秘感。

　　如果你在渴望社会交往中在保持良好的人际关系的同时，得到更多仰望的眼光，那么就要掌握与人保持适度距离的技巧。距离产生的神秘光环一定会让你更加富有吸引力。

第四章　商场上，说得就要比唱得好听

好的开场白是推销成功的一半。在实际的销售工作中，推销员可以首先唤起客户的好奇心，引起客户的注意和兴趣，然后道出商品的利益，并迅速转入面谈阶段。好奇心是人类所有行为动机中最有力的一种，唤起好奇心的具体办法灵活多样，应尽量做到不留痕迹。

营销是技术，表达是艺术

谈判中，表达方式不同，结果也大相径庭。只有表达技巧高明，才能得到期望的谈判效果。

1. 限制性提问法

某商场休息室里贩售咖啡和牛奶，刚开始服务生总是问顾客："先生，喝咖啡吗？"或者，"先生，喝牛奶吗？"其销售业绩平平。后来，老板要求服务生换一种问法："先生，喝咖啡还是牛奶？"结果其销售额大增。原因在于，第一种问法，容易得到否定回答，而后一种是选择式，大多数情况下，顾客会选一种。

对于称职的餐饮服务员，应兼有推销员的职责，既要让客人满意称心，又要给餐厅创造尽可能多的利润。此时，出色的口才就可以在这方面发挥作用。

这天，唐人街的一家中餐厅来了一位穿着讲究的老妇人，她看上去是个挑剔的人。

服务员安娜为这位老妇人斟上红茶，对方却生硬地说："你怎么知道我要红茶，告诉你，我喜欢喝绿茶。"

安娜没有预料到老妇人的反应居然会是这样，但仍然客气而礼貌地说："这是餐厅特意为顾客准备的，餐前喝红茶消食开胃，尤其适合老年人，如果您喜欢绿茶，我马上为您送来。"

老妇人脸色缓和下来，顺手接过菜单，开始点菜。

"喂，水晶虾仁怎么这么贵？"老妇人斜着眼看着安娜，"有什么特别的吗？"

安娜面带微笑，平静地解释道，"我们餐厅所用的虾仁都有严格的规定，一斤 120 粒。这种水晶虾仁有四个特点：亮度强，透明度高，脆度大，弹性足。其实我们这道菜利润并不高，主要是用来为餐厅创口碑的产品。"

老妇人稍稍点点头，继续问："有什么蔬菜啊？现在蔬菜太老了，我不喜欢。"

安娜一听，马上顺水推舟："对，现在的蔬菜是咬不动，不过我们餐厅今天有煮得很软的茄子，是今日特惠，您运气真好，尝一尝吧！"

"你很会讲话啊，那我就尝尝看吧！"老妇人笑了笑，合上了菜单。

安娜接着问道："请问您喝什么饮料？"

见老妇人犹豫不决，安娜便介绍说："我们这里有芒果汁、苏打水、奶昔等，我们餐厅还特意从中国引进了海南椰子汁，您看需要哪种？"

老妇人眼神一亮，说："很久没有喝过海南的椰子汁了，来一杯吧。"

安娜在给顾客点菜时，将菜品的特点用生动的语言加以描述，使顾客对菜品产生好感，从而引起食欲，然后，安娜接着使用了选择问句，因此顾客必定选其一。这种提问方式对那种犹豫不决或没有防备的顾客效果极佳。

2. 求教式提问法

无论你的产品多么好，你的服务多么棒，如果你不能跟顾客接上头，交易就无从谈起。接下来我们继续介绍谈判的"顶尖诀窍"——"求教式"提问法。

每个人都有好为人师的特质，特别是自认为经验丰富和小有成就的人。当我们用"求教"的方式向对方提问时，不用五秒钟，你们就可以把心与心之间的距离拉得很近。因为你这么谦虚，这么真诚，几乎很少有人会拒绝你。当你求教之后再进入正题，向对方提出你的真实意图，往往能收到奇效。

经人介绍，日本推销员原一平前去拜访一位建筑企业的董事长渡边先生。可是渡边并不愿意理会原一平，见面就给他下了"逐客令"。但是原一平并没有退缩，而是问渡边先生："渡边先生，咱们的年龄差不多，但您为什么能如此成功呢？您能告诉我吗？"

原一平在提这个问题时，语气非常诚恳，脸上表现出来的跟他心里想的一样，就是希望向渡边先生学习成功的经验。面对原一平的真诚求教，渡边不好意思回绝他。于是，他就请原一平坐在自己的对面，开始向他讲述自己的经历。没想到，这一聊就是三个小时，而原一平始终在认真地听着，并在适当时候提了一些问题。

直到最后，原一平也没有提到保险方面的事情，而是对渡边先生说："我很想为您写一份有关贵建筑公司的计划，可以吗？"渡边已经被这位诚心求教的人打动了，自然点头答应。

原一平花了整整三天三夜，把一份建筑公司计划书做了出来，这份计划书内容非常丰富，资料翔实，而且建议也非常有价值。渡边先生依照原一平的这份计划书，结合实际情况具体操作了起来，结果效果显著，业绩在第三个月后就提高了30%。渡边非常高兴，把原一平当成了最好的朋友。

当然，渡边的建筑公司里的所有保险，都在原一平那里下保单了。

3. 唤起顾客的好奇心

曾经，富勒公司是美国最有名的化妆品生产企业之一，而约翰逊公司只是一家只有 470 美元注册资金的化妆品生产商，二者之间简直没有可比性。可是现在，约翰逊公司的知名度已经与富勒公司并驾齐驱了。约翰逊的生产规模一直不大，广告投入也少，那么它是怎样获得这种成绩的呢？

很简单，约翰逊公司除了保证产品质量外，它靠的就是"屈居第二"的推销法。它在自己的广告中这样说："富勒公司是化妆品行业的金字招牌，您真有眼力，买它的化妆品算对了。不过您在使用它的化妆品后，如果能再涂上一层约翰逊公司的水粉护肤霜，准会收到意想不到的奇妙效果。"

那些买得起富勒化妆品的人，并不在乎多买一瓶约翰逊水粉护肤霜试试，借此契机，约翰逊的产品也就堂而皇之地走进了千家万户。

好的开场白是推销成功的一半。在实际的销售工作中，推销员可以首先唤起客户的好奇心，引起客户的注意和兴趣，然后道出商品的利益，并迅速转入面谈阶段。好奇心是人类所有行为动机中最有力的一种，唤起好奇心的具体办法灵活多样，应尽量做到不留痕迹。上面说到的约翰逊公司，就是通过富勒公司的产品名声唤起了购买富勒公司产品的客户的好奇心，然后在此基础上将自己的产品推销出去。

在一次贸易洽谈会上，卖方对一个正在观看公司产品说明的潜在买方说："你想买什么呢？"

对方说："这里没什么可买的。"

卖方说："对呀，别人也这样说过。"

当对方正为此得意时，卖方又微笑着说："不过，他们后来都改变了看法。""哦？为什么呢？"对方好奇地问道。于是，卖方开始进入正式推销阶段，公司的产品最终得以卖出。

该例中，卖方在买方不想买时，没有直接向他讲述自己公司产品的情况，而是设置了一个疑问"别人也说过没什么可买的，但后来都改变了看法。"从而引发了买方的好奇心。于是，卖方有了向其推销产品的机会。

有一位身材矮小、肥胖，皮肤黝黑的推销员，当他吃力地提着收款机走进一家商店时，商店的老板粗声粗气地说："快走吧，我们正忙着呢，我对收款机没有兴趣。"

这位推销员不恼不怒，他倚靠在柜台上，咯咯地笑了起来，仿佛刚刚听到了一个世界上最有趣的笑话。

店老板直愣愣地看着他，不知其所以然。

推销员笑了一会儿，直起身子，微笑着致歉道："实在是对不起，我忍不住要笑。您使我想起了另一家商店的老板，他说了跟您一样的话，后来却成了我们最熟悉的主顾。"

紧接着，这位推销员开始一本正经地展示他的样品，历数其优点。每当老板表示不感兴趣时，他就笑着引出一段幽默的回忆，又说某某老板在表示不感兴趣之后，结果还是买了一台的老话。

旁边的人都瞧着他，心想他一定会被当作傻瓜一样赶出去。可是说来也奇怪，老板的态度逐渐开始转变了，居然提出要试一试收款机，想搞清楚这种收款机是否真有他所说的那么好。于是在试用的过程中，那位推销员又用行家里手的口吻向老板说明了产品的具体操作方法。

最后，推销员获得了成功。

4. 对顾客热情有加

如果一位顾客在你的商店挑选了半天，却没有购买一件商品。这时，你可能会生气。但实际上，假如此时你对不想购物的顾客更加热情，说不定顾客会因感动而回头，心甘情愿地买走你店里的商品。

一对情侣手挽手走进一家品牌服装店。营业员根据女孩的身材、气质等特点热情地为她挑选了几套秋装，随后，女孩又试穿了店里展示的皮靴。她足足挑选了 40 分钟仍下不了购买的决心。

女孩面带歉意地把手里试穿过的几套衣服交回营业员手里，一直在微笑服务的营业员不仅不恼怒，反而柔声慢语地说："小姐，这几款不大合适，是吗？我们店进了不少新款，请随便挑选。"

女孩身边的男友笑了，说："哎，你刚才不是看中那条漂亮的皮带了吗？那就让小姐包起来吧。"女孩心领神会，面对如此耐心、热情的营业员小姐，不买点什么确实觉得过意不去，于是买下了那条皮带，在营业员"欢迎下次再来"的送别声中高兴地离去。

5. 欲擒故纵销售法

在销售的过程中，如果一味地游说顾客购买产品，无疑会让顾客产生抵触情绪。

在销售的手腕中，有一种策略是"欲擒故纵"。你想卖出去一种产品，切忌操之过急，不妨设计一套提问的方式，让顾客在回答"是的"的同时肯定你产品的优点，这是古希腊哲学家苏格拉底发现的方法，故称"苏格拉底法"。

比如，有一位年轻的顾客来到你的珠宝行，想购买一条项链，但是对于同样价值的白金与黄金，她拿不定主意选哪种。而你作为一名销售员，又怕时间久了会影响她的购物欲而使你丢失一笔生意，这时不妨用"苏格拉底法"帮她下购买的决心。

服务生："小姐，你的皮肤很白，一白压三色呀！"（当然，如果不白，你得另外找思路。）

顾客："是的，谢谢你的夸奖，别人都这么说。"

服务生："皮肤白的人最好穿戴装扮了，配什么颜色都好看！"

顾客："是的。"

服务生："这两种颜色的项链配上你的白皙的脖子都好看，黄金让你白皙的脖子显得高贵妩媚，白金会使你显得典雅纯洁。"

顾客："有道理。那就要这条白金项链吧。"

就这样一连串的"是的"，让顾客不知不觉地走进她自己制造的"甜美陷阱"中，最后爽快地埋单。

同样，处理顾客的退货问题时，也可以采用"苏格拉底法"。

美国电机推销员哈里森讲了一件他亲身经历的有趣的事。

有一次，他去拜访一家新客户，准备向他们推销几台新式电动机。不料，刚踏进公司的大门，便挨了当头一棒，"哈里森，你又来推销你那些破玩意儿？你不要做梦了，我们再也不会买你那些玩意儿了。"总工程师恼怒地说。

经哈里森了解，事情原来是这样的：总工程师前一天到车间去检查，用手摸了一下不久前哈里森推销给他们的电机，感到很烫手，便断定哈里森推销的电机质量太差，因而拒绝哈里森的拜访。

哈里森冷静地考虑了一下，认为如果硬碰硬地与对方辩论电机的质量，肯定于事无补，不如采用"苏格拉底法"来攻克对方的堡垒。于是发生了以下的讨论：

"好吧，斯宾斯先生。我完全理解你的立场，假如电机发热温度过高，别说买新的，就是已经买了的也得退货，你说是吧？"

"是的。"

"按国家技术标准，电机的温度可比室内温度高出 72℃，是这样的吧。"

"是的。但是你们的电机温度比这高出了许多，喏，昨天差点把我的手都烫伤了！"

"请稍等一下，请问你们车间里的温度是多少？"

"大约 75℃，加上应有的 72℃的升温，共计 147℃左右。"

"请问，如果你把手放进 147℃的水里会不会被烫呢？"

"那——是完全可能的。"

"那么，请你以后千万不要去摸电机了。不过，我们的产品质量，你们完全可以放心，绝对没有问题。"结果，哈里森又做成了一笔买卖。

所以，在推销商品时，不要问顾客喜不喜欢，想不想买，因为这样问，顾客可能回答"不"。应该问："你一定很喜欢，是吧？"

当你发问对方还没有回答之前，自己也要先点头，你一边问一边点头，可引导对方做出肯定回答，一定会让你的销售走"快捷方式"。

6. "高帽子"让你赢得顾客

很多人都不敢做决定，因为怕承担责任。在买东西前，很多人都会犹豫不决，尤其是购买大宗货物或者产品价格比较高时。这时，学会替顾客下决心，让顾客下订单，促成交易，就变得极为重要。给顾客戴"高帽子"这一招照样好使。

在停车场里，乔恩·布朗看到一位先生把一辆桑塔纳停在了车位上。他走过去向那位先生推销图书。当那位先生拿着书举棋不定的时候，乔恩·布朗满脸堆笑地说："先生，我会经常在这一带卖书，等您下次开着奔驰过来时，希望您还认得我。"

那位先生听了心花怒放，很高兴地说："一定会记得你的，一定会记得！"听他的语气，好像过不了几天，他就能开上奔驰似的。他又对乔恩·布朗说："咱们到车上坐一会儿，我再看看你有哪些书。"

乔恩·布朗知道他会向自己买一批书，前提是自己能帮他下决心。于是，他继续帮助那位先生肯定其梦想："等您下次开着奔驰来的时候，车子那么豪华，恐怕我都不敢坐了。您这么年轻，就有这么高的成就，我真的很佩服您！"

那位先生也笑了，委婉地肯定了乔恩·布朗一番，最终下了订单，"你手上的这 12 套书，每套给我 100 本，我想买回去给我公司里的员工都看一看。这是定金，这是我的名片，上面有我公司的地址。"

望着驶远的桑塔纳，乔恩·布朗很感慨，他明白：每个人都有梦想，也都期待着很快能够梦想成真。当我们用赞美来肯定对方的梦想能够实现时，他心里感受到的甜蜜，会比世界上最甜蜜的食物都要甜上一百倍。

梦想是给人巨大动力的东西，只要有梦，就必然会有雄心勃勃和豪情万丈。即使没有钱财，即使再劳累，只要有梦想，就可以让我们有一种信念，让自己奋斗不息。因此，赞美对方的梦想，特别容易得到认同，尤其是对那些有野心、有目标的人。赞美对方的梦想，也很容易促使对方下订单，做成交易。

7. 用赞美让对方感觉"自己很美好"

你要让自己的业绩迅速提升,就要学会用赞美让客户感觉"自己很美好"。

让我们先来看一看下面这些文字:

"您的皮肤真好,不介意的话,可以教我一下是怎么保养的吗?"

"您的身材可真好,有什么秘诀吗?"

"不错的选择,您点的菜非常有品位,也正是我喜欢的。"

"这套西服真是为您量身定制的,太适合您了!"

"给妈妈买毛衣啊,您好孝顺啊!"

"您真为自己的孩子着想!"

"现在竞争激烈,您能把公司经营得这么好,绝不是一般人。"

"对不起,让您久等了。您真有耐心!"

想象一下,若有人对你说这样的话,你是否也会感觉很高兴?

8. 给人台阶下,赢得顾客心

一辆破旧的老爷车停在饭店门前,车身上生满锈,水箱没有盖子,蒸气直往外喷,车篷早已脱落。车主对一个流浪汉说:"我要打个电话,请你帮我看一下汽车好吗?"对方答应了。

事后车主为酬谢流浪汉,问他要多少钱。

"500 元。"

"什么?这简直是抢劫嘛!我才去了 3 分钟。"车主大叫。

"先生,这不是时间的问题,而是关系到本人面子的问题,过路的人都以为这辆破车子是我的。"

这虽然是一个笑话,但同样反映出人们对面子的看重程度。一个流浪汉都要面子,可见人们对面子的看重。

中国有句古话:"饿死事小,失节事大。"在很多情况下,这个"节"指的不是"气节"而是"面子"。在交际中，如果不是为了某种特殊需要，一般应尽量避免触及对方所避讳的敏感区，避免使对方当众出丑。必要时可委婉地暗示自己已知道对方的错处或隐私，便可对其造成一种压力。但不可过分，只需点到为止。

一位顾客来到一家百货公司，要求退掉一件外衣。她已经把衣服带回家并且穿过了，只是她丈夫不喜欢。她谎称"绝没穿过"，要求退掉。

女售货员王芳仔细地检查了外衣，发现明显有干洗过的痕迹。但是，直截了当地向顾客说明这一点，顾客是绝不会轻易承认的，因为她已经说过"绝没穿过"，而且精心掩盖了穿过的痕迹。这样，双方可能会发生争执。

机敏的王芳以平和的口吻说道："我很想知道是否你们家的某位成员把这件衣服错送到了干洗店去。不久前我家也发生过同样的事情，我把一件刚买的衣服和其他衣服一起堆放在沙发上，结果我先生没注意，把这件新衣服和一大堆脏衣服一股脑儿地塞进了洗衣机。我怀疑你是否也遇到这种事情——因为这件衣服的确有已经被洗过的明显痕迹。不信的话，你可以跟其他衣服比一比。"

顾客看了看，知道无可辩驳，而王芳又为她的错误准备好了借口，给了她一个台阶——说可能是她的某位家庭成员在没注意的情况下，把衣服送到了干洗店。于是顾客顺水推舟，乖乖地收起衣服走了。

王芳的话使顾客不好意思再坚持说谎，一场可能发生的争吵就这样避免了。

在广州一家著名的大酒店里，一位外宾吃完最后一道茶点，顺手把精美的景泰蓝筷子插入自己的西装内侧口袋里。

站在一旁的服务小姐看到这一切，不露声色地迎上前去，双手擎着一个装有一双景泰蓝筷子的绸面小匣子，微笑着说："我发现先生在用餐时，对我国景泰蓝筷子非常喜欢，爱不释手。您对这种精细工艺品的赏识令我们非常感动。为了表达我们的感激之情，经餐厅主管批准，我代表本店，将这双图案最为精美并且经严格消毒处理的景泰蓝筷子送给您，并按照优惠价格记在您的账单上，您看好吗？"

那位外宾当然明白这些话的弦外之音，在表示了谢意之后，说自己多喝了两杯白兰地，头脑有点发晕，误将筷子插入口袋里，并且聪明地借此台阶说："既然这种筷子不消毒就不好用，我就'以旧换新'吧，哈哈哈！"说着取出内侧口袋里的筷子恭敬地放回桌上，接过服务小姐给他的小匣子，不失风度地向付账处走去。

这位外宾因一念之差做了错事，服务小姐仍然对其表示尊重，并为他设计了一个体面的"台阶"，在不得罪顾客的前提下保护了酒店的财产。这是一种非常明智的做法。既能使当事者体面地"下台"，又尽量不使在场的旁人觉察，这才是最巧妙的"台阶"。

对一个人最好的"恭维"方式是听他说完

倾听是一种礼貌，是一种尊敬讲话者的表现，是对讲话者的一种高度的赞美，更是对讲话者最好的"恭维"方式。倾听能使对方喜欢你，信赖你。

　　每个人都希望获得别人的尊重，受到别人的重视。当我们全神贯注地听对方讲话时，对方一定会有被尊重的感觉，双方之间的距离必然会拉近。

　　一名保险推销员刚来到深圳时去拜访一个客户，那个客户不会说普通话，只会说上海话。推销员听了半天也不太明白对方在说什么，唯一听明白的是：好像他的子女对他不太好。

　　对方从表情上也看得出推销员听不懂他的方言，但仍然自顾自地说个不停。他只是想满足自己倾诉的欲望。这位推销员刚入行做保险，什么都不会，面对这个客户，他唯一能做的就是聆听。没想到，谈话结束的时候，他签到了第一份保单。

　　众所周知，乔·吉拉德被世人称为"世界上最伟大的推销员"，他曾说过："世界上有两种力量非常伟大，其一是倾听，其二是微笑。倾听，你倾听对方的话越久，对方就越愿意接近你。上帝为什么给了我们两只耳朵和一张嘴呢？我想，就是要让我们多听少说吧。"在讲述自己成功的经历时，他几乎每次都要谈到以订单为代价的一个深刻的教训。

　　一次，某位名人来向乔·吉拉德买车，他推荐了一种最好的车型给他。那人对车很满意，准备提款买车。接下来，乔所需要做的只不过是让客户走进办公室，签下一纸合约。

　　当他们向乔的办公室走去时，客户开始向乔提起他的儿子，因为他儿子就要进入一所有名的大学了。他十分自豪地说："乔，我的儿子将来会成为一名医生。"

　　"很不错。"乔说。当他们继续往前走时，乔却扫视着其他同事。

　　"天，我的儿子真聪明，乔，"他滔滔不绝地说着，"在他还是婴儿时我就发现他相当聪明。"

"成绩非常不错吧？"乔附和着，眼睛仍然望着别处。

"在他们班他的成绩是最棒的。"客户又说。

"那他高中毕业后打算做什么呢？"乔仍然心不在焉。

"我已经告诉过你了，乔，他要到大学学医，将来做一名医生。"

"噢，那太好了。"乔说。

突然，那人看着乔，意识到乔太忽视他所讲的话了。"嗯，乔，"他突然说了一句，"我该走了。"便走出了车行，把乔·吉拉德丢在了原地。

对方为什么突然变卦呢？乔懊恼了一下午，百思不得其解。

到了晚上 11 点，他忍不住打电话给那人说："您好，我是乔·吉拉德，今天下午我曾经向您介绍一辆新车，眼看您就要买下，却突然走了。"

"喂，你知道现在是什么时间了吗？"客户没好气地说。

"非常抱歉，我知道现在已经是晚上 11 点了，但是我检讨了一下午，实在想不出自己错在哪里了，因此特地打电话向您请教。"

"真的吗？"

"肺腑之言。"

"很好！你在用心听我说话吗？"

"非常用心。"

"今天下午你根本没有用心听我说话。就在签字之前，我提到犬子吉米即将进入密执安大学念医科，我还提到犬子的学科成绩以及他将来的抱负，我以他为荣，但是你毫无反应。"

乔不记得对方曾说过这些事，因为他当时根本没有注意。乔认为已经谈妥那笔生意了，就无心听对方说什么，反而在听办公室内另一位推销员讲笑话。

"先生，如果那就是您没从我这儿买车的原因，"乔说，"那确实是个不错的理由。如果换成是我，我也不会从不认真听我说话的人那儿买东西。我对此深感抱歉。然而，现在我希望您能知道我是怎样想的。"

"你怎么想？"客户说道。

"我认为您很伟大，我觉得您送儿子上大学是十分明智的。我敢打赌您儿子一定会成为世上最出色的医生。也许您会给我第二次机会。"

"什么机会，乔？"

"有一天，如果您能再来，我一定会向您证明我是一个忠实的听众，我会很乐意那么做。当然，经过今天的事，您不再来也是无可非议的。"

两年后，他又来了，乔卖给他一辆车。他不仅买了一辆车，而且也介绍了他许多同事来买车。后来，乔还卖了一辆车给他的儿子——吉米医生。

这位客户给了乔一个极好的教训，从此以后，乔从未在顾客讲话时分心。因为他知道，倾听是对顾客最大的赞美和最好的"恭维"。每个顾客走进店里时，乔都会亲切地与他们攀谈，问他们家里人怎么样、是做什么的、有什么兴趣爱好等等。然后，乔便开始认真地倾听他们讲的每句话。

实际上，大家都很喜欢这样。因为他们认为乔·吉拉德给了他们一种备受重视的感觉，他们认为，乔是最会关心他们的人。

乔·吉拉德对"倾听"做了简单的总结，他认为，当我们不再喋喋不休，而是仔细地听别人在说什么时，至少可以从中得到三个好处：

1. 体现了你对对方的尊重；

2. 获得了更多成交的机会；

3. 更有利于找出顾客的困难。

最高效的倾听技巧：

1. 让对方感觉到你是在用心地听；

2. 让对方感觉到你的态度很诚恳；

3. 在倾听时记笔记，效果会更好；

4. 重新确认，减少误会及误差；

5. 切记：不到万不得已，千万不要打断对方讲话；

6. 对方停止说话后，停顿 3 ~ 5 秒你再说；

7. 不明白的地方见机追问；

8. 倾听时，不要组织语言，因为在对方讲话时，你在组织语言就很有可能错过对方讲话的某些内容，造成误解；

9. 倾听过程中，点头微笑；

10. 不要发出声音；

11. 眼睛要注视对方的鼻尖或前额；

12. 坐在恰当的位置。

尽量避免与对方面对面就坐，坐在对方对面容易让对方有一种对立的感觉；不要让顾客面对门或者窗坐，这样的位置易让顾客分心，最好让顾客面朝墙壁，这样容易让顾客安心听讲，免受干扰。

再来看看沃尔玛的创始人山姆·沃尔顿的"倾听法则"。山姆·沃尔顿一生都在勤勉地工作。在他 60 多岁的时候，仍然坚持每天从早上 4 点半开始工作，一直到晚上。他还常常自己开着飞机，从一家分店跑到另一家分店，每周至少有 4 天花在这类访问上，有时甚至 6 天。

后来，公司规模壮大了，山姆不可能遍访每家分店了，但他还会跑到超市里，专门去听购物的老太太的抱怨，然后用行动消除掉这些不满。

山姆正是通过听员工、听顾客、听各个分店中各种人的声音，了解沃尔玛的运营情况和顾客的需求，从而不断完善自身的服务以及管理方式，进而获得了巨大的成功。

顾客爱听什么，你就说什么

不少销售员抱着要打动客户的目的，使尽浑身解数，旁征博引，在客户面前喋喋不休。最终却发现客户对自己的话不感兴趣，甚至因为过于冗长的谈话产生了厌恶情绪。

每个人都有自己感兴趣的东西，有自己擅长的方面，比如有的人喜欢园艺，有的人喜欢琴棋书画，有的人擅长烹饪，有的人对神秘现象着迷，等。总之，每个人都有一项或是多项兴趣，聪明的销售员善于察言观色，在不断地发问中迅速发现客户的兴趣点。

你可以通过敏锐的观察初步了解对方：他的发型、服饰、随身带的提包、说话时的声调及眼神等，都可以给你提供了解他的线索。

如果他是屋子的主人，了解他便会有更多的依据：墙上挂的画，客厅的摆设，台板下的照片，书房里的书，等，这一切都会自然地向你透露主人的情趣、爱好和修养等信息。如果能在事前深入调查对方的情况，对于交谈是十分有利的。

例如：你去拜访陌生的客户，在院子里看到一条人见人爱的小狗，主人十分喜爱它，而你见到它却没有一丝反应，也许就这样错过了机会——一个博得客户好感的机会。但如果你当时亲昵地拍拍小狗，说一句"多漂亮、多可爱的小狗啊！"那么，成功的机会也许就会多一分。

这种真心诚意的赞美不仅不会让人讨厌、感到肉麻，反而让人感到自己的价值，使你的潜在顾客从心理上认同你，从而增加接受你推销的可能性。

细微之处见真章。很多时候，越看似不足挂齿的地方，我们越要赞美，往往能收到奇效！

有一位顶尖的汽车推销员，靠着观察和赞赏客户细微的地方，赢得了无数的订单。

有一天，这位推销员要把产品推销给一对夫妇。这对夫妇结婚已经 10 年，但一直没有孩子，为了弥补这一缺憾，夫人便养了几条小狗，对它们百般疼爱。

这位推销员一眼就看出了夫人十分疼爱小狗，于是，他就对夫人养的狗大加赞赏，说这种狗的毛色纯正、有光泽、黑眼睛、黑鼻尖，是最名贵的一种。他对狗的赞美，让那位夫人觉得飘飘然，以为自己拥有了世界上最名贵的狗，于是，她情不自禁地对推销员产生了好感。很快，她便答应了让他周日来和自己的丈夫面谈。

先生一下班，夫人便兴高采烈地对他说："你不是说要买车吗？我已经帮你约好了，周日汽车公司的人就来洽谈。"

没想到先生生气了："我是说过要换车，但没说现在就买呀！"

其实，先生是想买一辆车，他的车已经旧的不成样子了，但他是个优柔寡断的人，一直拿不定主意。

周日那天，推销员上门来了。他看出了先生是个优柔寡断之人，便对这位先生进行了一番有针对性的赞美，使得这位先生痛快地从他这里买下了汽车。

还有一个推销的例子：

杰尔·厄卡夫是美国自然食品公司的推销冠军。这天，他上门推销像往常一样将芦荟精的功能、效用告诉顾客，但女主人并没有表示出多大的兴趣。杰尔·厄卡夫立刻闭上嘴巴，开动脑筋，并细心观察。

突然，他看到主人家的阳台上摆着一盆美丽的盆栽，便赞美道："好漂亮的盆栽啊！平常真的很难见到。"

"没错，这是一种很罕见的品种，叫嘉德里亚，属于兰花的一种。它真的很美，美在那种优雅的风情。"

女主人听到他对自己盆栽的赞美，来了兴致。

"这个宝贝很昂贵的，一盆就要花 800 美金。"

"什么？800 美金？我的天哪！是不是每天都要给它浇水呢？"

"是的。每天都要很细心地培育它……"

于是，女主人开始向杰尔·厄卡夫倾囊相授所有与兰花有关的学问，而他也聚精会神地听着。

最后，这位女主人一边打开钱包，一边说："就连我的先生也不会听我唠唠叨叨讲这么多，而你却愿意听我说这么久，甚至还能够理解我的这番话，真的太谢谢你了。希望改天你再来听我谈兰花，好吗？"

随后，她爽快地从杰尔·厄卡夫手中接过了芦荟精。

纽约有一家很知名的杜维诺父子面包公司，他们也是借助同样的方法，把生意做大的。

杜维诺一直试图将面包营销到纽约一家大饭店。连续四年，他每天都要打电话给该饭店的经理，还参加过有那个经理出席的社交聚会。他甚至在饭店住了下来，想以此示好以求成交。但是，这些努力看来都是白费心思。那个经理很难接触，他根本就不在意杜维诺父子面包公司的产品。

杜维诺说："在研究过他的为人处世之后，我决定改变策略。我决定要找出那个人最感兴趣的是什么，他所热衷的究竟是什么。"

"后来我终于发现，他是一个名为'美国旅馆招待者'的组织的一员。不仅如此，由于他很热情，还被选为主席，以及'国际招待者'组织的主席。不管会议在什么地方举行，他都一定会出席，即使是跋山涉水。

"因此，这次我见到他时，我就开始和他聊那个组织。我看到他的反应十分强烈，我们聊了半个多小时，都是有关他的组织的，他非常高兴。我可以看出来，那个组织是他的兴趣所在，是他生命的'火焰'。在我离开他的办公室之前，他还卖了一张他组织的会员证给我。

"虽然我一点也没有提面包的事，但几天后，他饭店的厨师就打电话给我，要我将面包样品和价目表送过去。"

"'我不知道你对我们的经理做了什么手脚，'那位厨师对我说，'他可是个很固执的人。'"

"想想吧，我缠了他整整四年，还为此租了你们的房子。

本来为了做成这笔生意，我可能还要缠他很久。"杜维诺感慨地说，"不过感谢上帝，我找出了他的兴趣所在，知道他喜欢聊什么。"

你看，和对方找到共同话题达到共鸣，让你轻松，他高兴，可谓皆大欢喜。

那么，怎么找到话题呢？可以从以下几个方面着手：

1. 选择众人关心的事件为话题。这类话题是大家都想谈、爱谈、能谈的，人人有话，自然就能说个不停了。

2. 巧妙地借用彼时、彼地、彼人的某些材料为题，借此引发谈话。有人善于借助对方的姓名、籍贯、年龄、服饰、居室等，即兴引出话题，常能取得较好的效果。引出话题的关键是要灵活自然。

3. 先提一些"投石"式的问题，在略有了解后再有目的地交谈，便能谈得更为自如。如在乘火车时见到陌生的邻座，便可先"投石"询问："老兄，你是哪里人呀？"这就有了和对方产生共鸣的机会。

4. 问陌生人的兴趣，循趣发问，能顺利地进入话题。如对方喜欢瑜伽，便可以此为话题，谈练习瑜伽的好处。如果你对瑜伽略通一二，那肯定谈得投机；如果你对瑜伽不太了解，那也正是个学习的机会，可静心倾听，适时提问，借此大开眼界。

5. 在缩短距离上下功夫，力求在短时间内了解得多些，缩短彼此的距离，达到感情的融洽。孔子说："道不同，不相为谋。"志同道合才能谈得来，才能够产生共鸣。

没有人会喜欢一个谈话时只讲他自己而不关心对方的人。人们只愿意和那些与自己有共同话题的人交往。想与别人的特殊兴趣建立关系，你要牢记的是，你必须表现出你的真实兴趣，仅仅说几句感兴趣的话是不够的。如果在对方的询问下，你流露出缺乏真正的兴趣，就可能会弄巧成拙。

越是值得接近的人，你就越应该努力对他感兴趣的事做进一步的了解，让你们的交谈能更加深入。进而他也会乐意提供你所需要的帮助，在许多事情上彼此也就都愿意合作了。

另外，投其所好应做到谦虚谨慎又不卑不亢，要掌握好尺度，控制好分寸，切忌口是心非、夸夸其谈、阿谀奉承、吹牛拍马，否则只能令对方心生厌恶而事与愿违。

面对突发情况，一句话搞定

美国有家生产乳制品的大工厂，某日来了一位怒气冲天的顾客，他不客气地对厂里的负责人说："先生，我在你们生产的乳制品中发现一只活苍蝇，我要求你们赔偿我的精神损失。"然后，这位顾客提出了一个近乎天文数字的赔偿数目。

在美国，像这种乳制品生产线的卫生管理是相当严格的，为了防止乳制品因发生氧化反应而变质，要将罐内所有的空气抽出，然后灌入一些无氧气体后再予以密封，在这种严格的条件下生产的乳制品里，根本不可能有活的苍蝇。

由于这个事件关系到公司的声誉，这位负责人不好立即揭穿那个人的谎言，只是很有礼貌地请他到会客室里，坐下来详谈。这位顾客以为有机会得逞，不禁得意扬扬，一边走还一边破口大骂。

当这名顾客第三次提出抗议并要求赔偿时，负责人很有风度地为对方倒了杯水，然后慢条斯理地说："先生，看来真有你说的那么回事，这显然是我们的错误，你放心，你会得到合理的赔偿。由于这个问题事关重大，我们绝对不会忽视。这样吧，你稍等一下，我马上命令关闭所有的机器，以查清错误的来源。因为我们公司有项规定，哪一个生产环节出现失误就由哪位来负责，待我把那位失职的主管找出来，让他给你赔礼道歉。"

说完后，负责人一脸严肃地命令一位工程师："你马上去关闭所有的机器，然后停产检查。虽然我们的生产流程中不应该有这种失误，但这位先生既然发现了，我们就有义务给顾客一个满意的答复。"

那位顾客本来只是想用这个借口来实施诈骗，并没有料到会引起如此严重的后果，顿时担心自己的花招被拆穿，那样一来他会被要求赔偿整个工厂因停工而造成的损失，那么即使他倾家荡产也赔不起。于是他开始感到害怕，并且嗫嚅道："既然事情这么复杂，我想就算了，只是希望你们以后不要再发生类似的事情。"他给自己找了个台阶，想趁机溜走。

这时，那名负责人叫住他，诚恳地对他说："非常感谢你的支持和理解，为了表示我们的感激，以后你购买我们的食品，均可享受八折优惠。"说完递给他一张八折优惠卡。

本来已忐忑不安的顾客竟得到了这一意外收获，羞愧之余，自是十分惊喜和感动。从此，他成了这家公司的忠实买家和义务宣传员，让更多的人认可这家公司生产的乳制品。

案例中，那位工厂负责人不仅掌握了对方的心理，用"攻心"的话术揭穿对方的骗局，而且还反过来"绑架"那位顾客的想法，使他从此以后成为公司最有效的广告宣传员。工厂负责人用的就是"顺水推舟"的策略，确实是处理突发事件的高手。

话术攻心，商机才能到手

《三国志·蜀志·马谡传》里有条很有名的作战原则："攻心为上，攻城为下。"用什么方法都不如攻心有效，这是古往今来已被无数事实证明了的一条永恒的定律。

英国《每日邮报》上曾经登过这样一个真实的故事：英国一名八旬老妪，临危不乱，凭借一把切肉刀，将持刀闯入家中的盗贼赶出家门。而老妇人危急中威吓歹徒的话，恰好重演了曾风靡一时的影片《鳄鱼邓迪》中男主角勇斗歹徒时的经典台词，被人们传为佳话。

这位老妇人名叫威妮弗雷德·惠兰，当时她正在睡觉，被一个持刀蒙面的闯入者惊醒后，尖叫着跑到楼下客厅，冲进厨房。

她随手抄起一把切肉的大刀，模仿着电影《鳄鱼邓迪》中的演员保罗·霍根对抗劫匪的经典一幕，对歹徒喝道："你那个也叫刀子？"她把尖刀指向盗贼的腹部说，"我这把才是真正的刀子呢！"歹徒吓得目瞪口呆。

回想起这一幕，惠兰说："歹徒的凶器长约 10 英寸，而我的切肉刀大概有 14 英寸长。"

这位八旬老妪不费一刀一枪，也未损失一丝一毫，竟让手持利刃的歹徒狼狈而逃，靠的是什么？靠的是处变不惊和泰然自若的"攻心计"。歹徒本来就做贼心虚，竟碰上一个敢耍刀与他叫板、目中无人的老太太，锐气顿失，哪还有抢劫的胆量呢？此时，老太太的语言成了歹徒心理的"控制阀门"，影响了歹徒的心态，左右了歹徒的行为，化解了一场危机。

古人云：得人心者得天下。如果能获得对方的心，那还有什么事他不能替你办呢？只有笼络住了对方的心，对方才会心甘情愿地帮助你。因此，办事高手都善于运用攻心的战略，在各种场合都能巧妙地碰触对方的心理雷区，施展攻心计，屡试不爽。

用一张发黄的照片，做成一单 23 架飞机的生意，听起来像是天方夜谭。然而，在这个世界上确有这样的事实。将这看似不可能的事变成现实的人，名字叫贝尔纳·拉迪埃。

贝尔纳·拉迪埃是空中客车飞机制造公司的销售能手，当他被推荐到空中客车公司时，面临的第一项挑战就是向印度销售飞机。这是一项棘手的任务，因为这笔交易已由印度政府初审，并未被批准，能否重新得到成功的机会，全看销售代表的谈判本领了。

作为销售代表，拉迪埃深知肩上的重任，他做了精心的策划。经过周密的部署，他胸有成竹地飞赴新德里。接待他的是印度航空公司的主席拉尔少将。

"正因为您，使我有机会在我生日这一天回到了我的出生地，谢谢您！"一下飞机，拉迪埃紧握谈判对方的手，非常感激地说。

这是一句非常得体的开头语，它看似简明扼要，其实内涵极为丰富。它表达了两层意思：一是感谢主人慷慨赐予的机会，让他在自己生日这个值得纪念的日子来到贵国；二是印度是他的出生地。而后者更有意义，共同的故乡，拉近了拉迪埃与拉尔少将的距离。

"先生，您出生在印度吗？"少将冷漠的脸上露出一丝微笑。

"是的，"拉迪埃打开了话匣子，"39 年前的今天，我出生在贵国名城加尔各答。当时，我的父亲是法国歇尔公司驻印度代表。印度人民热情友好，我们全家在贵国度过了一段美好而难忘的时光……"

接着，拉迪埃将他美好的童年生活娓娓道来："在我过3岁生日的时候，邻居印度老大妈送给我一件可爱的玩具，我和印度小伙伴一起坐在象背上，度过了我一生中最幸福的一天……"

拉尔少将越听越入迷，竟被深深感动了，当即提出邀请，诚心诚意地说："您能来印度过生日真是太好了，今天我想请您共进午餐，表示对您生日的祝贺。"

汽车驶往饭店途中，拉迪埃打开公文包，取出一张颜色已经泛黄的合影照片，双手捧着，恭恭敬敬地递给拉尔少将。

"少将先生，您看这照片上的人是谁？"

"这不是圣雄甘地吗？"拉尔吃惊地说道。

"是呀，您再仔细瞧瞧左边那个小孩儿，那就是我。4岁时，在我和父母一道回国途中，十分荣幸地和圣雄甘地同乘一艘轮船，这张合影就是那次在船上拍的。我父亲一直把它作为最珍贵的礼物收藏着。这次，我还要拜谒圣雄甘地的陵墓，以表示对这位印度伟人的思慕之情。"

在合照上，甘地看上去十分喜欢小拉迪埃，这让拉尔少将不得不对拉迪埃另眼看待。

"我非常感谢您对圣雄甘地和印度人民的友好感情！"拉尔少将热泪盈眶，紧紧握住了拉迪埃的手。

不用说，拉迪埃的印度之行取得了成功。

一张发黄的照片，敲定了一单23架"空客300"型飞机的生意。

后来用拉尔少将的话来说："在我的一生当中，还没有一个人是拿着甘地的照片向我推销飞机的人，拉迪埃是第一个，所以我无法拒绝。"

拉迪埃的这一招，恰到好处地运用了"攻心为上"之术。他首先说的一句话即巧妙地赞美了对方，引起将军的好奇心理，诱发他的倾听兴趣；接着，他用自己儿时经历的介绍解除了对方"反推销"的警惕，拉近了双方的距离；最后，又用和甘地的合影彻底打动了对方，由此产生感情共鸣，这也正是成交的时机。可以说，拉迪埃的这次生意，是情感推销的完美范例。

华克公司在费城承包了一项建筑工程，并被要求在一个指定的日期内完工。开始计划进行得很顺利，不料在接近竣工阶段，负责供应外部装饰铜器的承包商突然宣布：他无法如期交货了。糟糕，这样一来，整个工程都要耽搁了，要付巨额罚金并遭受重大损失！

于是，长途电话不断，双方争论不休，一次次交涉无果。华克公司只好派高先生前往纽约，到"狮穴"去拔"狮须"。

高先生一走进那位承包商的办公室，就微笑着说："你知道吗？在布鲁克林区，有你这个姓氏的人只有一个。"

承包商感到很意外："这，我并不知道。"

"哈！我一下火车就查阅电话簿想找到你的地址，结果巧极了，姓你这个姓的只有你一个人。"

"我以前一直不知道。"承包商兴致勃勃地查阅起电话簿来。"嗯，不错，这是一个很不平常的姓，"他有些骄傲地说，"我这个家族从荷兰移居到纽约，接近两百年了。"

他继续谈论他的家族及祖先。他说完了以后，高先生就称赞他居然拥有一家这么大的工厂。承包商说："这是我花了一生的心血建立起来的一项事业，我为它感到骄傲，你愿不愿意到车间里去参观一下？"

高先生欣然前往。在参观时，高先生一再称赞他的组织制度健全，机器设备新颖，这位承包商高兴极了。他声称这里的一些机器还是他亲自发明的呢！高先生马上又向他请教那些机器如何操作？工作效率如何？到了中午，承包商坚持要请高先生吃饭，他说："到处都需要铜器，但是很少有人对这一行像你这样感兴趣的。"

到此为止，高先生对他此行的真正意图只字未提。

吃完午餐，兴致盎然的承包商对他说："现在我们谈谈正事吧。我知道你是为什么而来的，但我没有想到我们的见面竟是如此愉快。你可以带着我的保证回去，我保证你们的货如期运到。我这样做会给另一笔生意带来损失，不过我认了。"

高先生成功了，大厦如期竣工。

高先生不愧为高手，当他作为华克公司的最后"一张牌"被亮出来的时候，他清楚地知道此行的困难。他没有像一般人那样去赞美那些普通的事情，也没有直接去倾轧他的对手，而是通过电话簿上一个小小的信息找到了进入谈话状态的管道，其微妙细致，让人叹为观止。

由对方特殊的姓氏引起了对方的兴趣，触动了对方的慨叹和喜悦之情，高先生就这样使自己由对方的"敌人"转变成"知音"，接着又在承包商动情之处加以附和，最后得到了一顿受欢迎的午餐招待和一个生意上的保证。

拉迪埃和高先生的手段有异曲同工之妙，都是用一双慧眼抓住了别人没有注意到的东西，避开锋芒，绕开人们关注的焦点，达到了"曲径通幽处，巧言至诚心"的最佳效果。

第五章　会不会表达，来场辩论就知道

　　经验丰富的辩论家善于抓住一切机会，或接过对方的话头，或借助辩论环境中的各种事物、场景加以联想，找出它们与自己所要表达的观点之间的关联性和相似性，抓住一点加以发挥，不仅可化被动为主动，还能产生一种巨大的语言冲击力，让对方措手不及。

谁都可以学着借题发挥

经验丰富的辩论家善于抓住一切机会，或接过对方的话头，或借助辩论环境中的各种事物、场景加以联想，找出它们与自己所要表达的观点之间的关联性和相似性，抓住一点加以发挥，不仅可化被动为主动，还能产生一种巨大的语言冲击力，让对方措手不及。

下面故事的主人公更是用妙语来反驳挑衅。

【衣袖上的破洞】

俄国学者罗蒙诺索夫生活简朴，不太讲究衣着。有一次，一个衣冠楚楚但不学无术的德国人看到罗蒙诺索夫衣袖肘部有一个破洞，便指着那里挖苦道："从那儿可以看到你的博学吗？先生。"

"不，一点也看不到！先生，但从这里可以看到愚蠢。"那人顿时羞得面红耳赤。

德国人借衣服的破洞小题大做，贬损别人，暴露了他的无知。罗蒙诺索夫选择了与"博学"相对应的"愚蠢"，用讽刺回敬了对方，使对方自食其果。

【只认衣裳不认人】

清朝嘉庆年间，洛阳才子孟习欧，因事至一裁缝处。裁缝见孟习欧衣着平平，故态度冷淡。孟习欧见其事忙，告之稍后再来，即外出散步。

一会儿，孟习欧散步回来，裁缝一反常态，对他非常敬重。原来，他走后有人告诉裁缝"他就是大名鼎鼎的孟习欧。"

裁缝说："听说先生诗作得好，请赐大作。"

孟习欧略一沉思，即说道："裁缝离不开针，就以'针'为题吧。一条钢针明粼粼，拿在手中抖精神。眼睛长在屁股上，只认衣裳不认人。"

孟习欧面对裁缝的势利心理，巧借裁缝的常用工具——"针"为题，对势利之人进行了尖锐的讽刺。

【拿双薪的脸蛋】

一次，俄罗斯著名马戏丑角演员杜罗夫去观摩演出。幕间休息时，一个傲慢的观众走到他跟前，讥讽地问道："丑角先生，观众对你非常欢迎吧？"

"还好。"

"作为马戏班中的丑角，是不是只要生来有一张愚蠢而又丑怪的脸蛋，就会受到观众的欢迎呢？"

"确实如此，"杜罗夫悠闲地回答，"如果我能生一张像先生您那样的脸蛋的话，我准能拿到双薪！"

这个观众只好灰溜溜地走了。因为他懂得杜罗夫的意思是："如果我不是由于表演艺术得到观众好评，而是由于生有一张愚蠢而丑怪的脸，才受到观众欢迎的话，那么你来当丑角就能更受欢迎，因为你的脸更丑、更愚蠢。"

借题发挥常借"以其人之道，还治其人之身"。

小约翰放学回来，将成绩单交给父亲签名。父亲一看有两门功课不及格，就冲着约翰怒气冲冲地喊道："约翰，你知道吗？华盛顿像你这个年龄时已经是全校最优秀的学生了。"

约翰不慌不忙地回答："是的。你知道吗？爸爸，像你这个年龄时华盛顿已经是美国总统了。"

约翰"以父之矛，攻父之盾"，顺着父亲的话题，得出一个既合乎逻辑规律，又能反驳对方论题的结论，令人忍俊不禁。

一次，英国一家电视台采访中国作家梁晓声，并对采访进行现场拍摄。采访的英国记者40多岁，老练机智，甚至有些滑头。采访进行了一段时间后，他让摄影机停了下来，走到梁晓声跟前说："下一个问题，希望您做到毫不迟疑的回答，最好只用一两个字，如'是'与'否'来简短的回答。"梁晓声点头认可。

梁晓声略微一怔，对方的提问竟如此之刁，分明有诓人之意。由于这句问话的大前提不真实，若做简短的回答，无论怎么说都将陷入进退维谷的境地。摄影机对着梁晓声"嗒嗒嗒"在响，简答不行，沉默或争辩也都不利。

机敏的梁晓声立即来了个反问："如果没有第二次世界大战，就没有因反映第二次世界大战而出名的作家，那么您认为第二次世界大战是好是坏？"

回答得如此之妙，把英国记者抛出的足球一脚踢了回去。英国记者同样不能回答自己精心设计的难题，一时怔在那里，无言以对，摄影机反倒拍下了英国记者的尴尬相。

运用借题发挥需要注意两点：

1. 借题要恰当自然。即借言和真正表达的事理具有合理性。

2. 发挥要适度。发挥的过程要构成顺水推舟之势，中肯而恰如其分，不要牵强附会。

出其不意地断句才有效果

停顿是戏剧家的悬念；

停顿是音乐家的休止符；

停顿能留给听众思考的空间；

停顿能留给自己回旋的余地。

有经验的演讲家，爱制造悬念。他在掌声最热烈时上台，在掌声快结束时开始自我介绍："我是……"。当听众开始交头接耳，他突然停顿下来，而使整个会场立即鸦雀无声。此时，他才提高嗓门，放开声调演讲。这样的人，才可称为能抓住听众心理的行家里手。

停顿是指在一句话、一段话中，演讲者有意换气或进行时间或长或短的暂停。这种停顿既是出于人生理上的需要（说话时需要换气），也是出于表达思想感情的需要。谈话和演讲如果不注意停顿，是无法传情达意的；如果没有恰当的停顿，有时会造成表意的错误。同样，好的停顿处理，显示了说话者非凡的智慧。

英国的一位议员在一次关于建筑工人的演讲中，突然停顿，取出怀表，站在讲台前一声不响地看着听众，时间长达 20 秒。正当听众疑惑不解时，议员说："诸位适才感觉到局促不安的 20 秒，就是普通工人垒一块砖所需的时间。"

议员用停顿的方式表现演讲内容实属高超，这也是吸引听众注意力的一种方法。当时伦敦各大报纸都对此事争相报道。

一般来说，停顿有三种：一是自然停顿，即词语或句子间的自然间隔；二是文法停顿，即讲稿中出现停顿符号；三是修辞停顿，即出于某种修辞效果的需要而做的停顿。

停顿是演讲中一种非常有效的表达艺术。演讲中恰当地运用停顿艺术，不但不会使演讲散乱，反而能使整个演讲起伏跌宕，让听众得到一种美的享受。

【题扇漏字，化诗为词】

解缙是明朝大才子，书法家，主持纂修《永乐大典》，学富五车又善于应对，因其机智敏捷，摆脱了多次窘境。

有一次，永乐皇帝要解缙在他的一把外国贡品扇上题字，解缙写了王之涣的《凉州词》"黄河远上白云间，一片孤城万仞山。羌笛何须怨杨柳，春风不度玉门关。"

可是他一时疏忽，把诗中的"间"字漏掉了。他的对头汉王高煦发现后，向皇帝奏道："解缙自恃其才，目无君主，竟敢乘写扇之机，有意漏字戏君欺主，如此狂乱之徒，今不杀之，后必酿成大患！"

皇帝一看，果然如此，便大喝一声道："武士们将他带下，推出去斩了！"

这时，解缙却哈哈笑了："圣上请息怒，听微臣慢慢解释。这是我作的一首《凉州词》，和唐代诗人王之涣的《凉州词》仅一字之别。与我有宿怨的人，妄想借此蒙蔽圣上，置我于死地。"他指着扇面说，"王之涣的《凉州词》实为诗而不是词，所以有个'间'字。我作的这首《凉州词》实为词不为诗，当然没有'间'字。"

皇帝说："既然如此，你就当着文武百官的面读读你的《凉州词》吧，大家认可了，朕不问罪，而且还重重有赏。如若不然，立即斩首。"

解缙叩头谢恩，立起身来，当众念道："黄河远上，白云一片，孤城万仞山。羌笛何须怨，杨柳春风，不度玉门关。"

解缙巧用停顿，将一首诗读成了词，且念得有声有色，使人耳目一新，君臣赞不绝口，高煦也呆呆地哑口无言。解缙凭着自己的聪明才智逢凶化吉，保住了性命，领赏而去。

由于古代汉语没有标点符号，因此，古代的条约合同也往往会因停顿不同而意义有别。

在民间还流传着这样一则故事：

从前有个财主，非常吝啬，一毛不拔。他想聘请先生教他儿子念书，却又舍不得多花钱，他对教书先生只管饭不管钱，来他家任教的人干不上几天就气跑了。

有个精通文理的老先生知道情况后，想整治他。于是找到财主，表示愿意任教。财主唯恐口说无凭，要老先生写一张契约，老先生写道："无鸡鸭也可无鱼肉也可唯青菜豆腐不可少不得学费。"财主接过一看，读成"无鸡鸭也可，无鱼肉也可，唯青菜豆腐不可少，不得学费。"满心欢喜，心想这回可捡到了一个大便宜，欣然签了字。

转眼到了年底，老先生抗议财主不给鸡鸭鱼肉吃，并讨要学费。双方争执不休，直闹到县衙门。县官升堂，老先生拿出契约念道："'无鸡，鸭也可；无鱼，肉也可；唯青菜豆腐不可；少不得学费。'现在财主既不给鸡鸭鱼肉吃，又不给学费，请大人公断！"

县官接过契约一看，拍案骂道："人哪有不吃饭不拿银子给你白干的，简直是混账！"立即判财主输了官司，罚他给老先生一百两银子。刻薄的财主哑口无言，只好认输。

这位教书先生巧用语句的不同停顿，使语义发生了变化，巧妙地戏弄了财主。

将语调升降与语句停顿结合起来使用，可使我们在辩论过程中取得主动权。

一个机智的农民专和财主作对，有一位自作聪明的财主为了报复他，便雇这个农民为长工。一天，财主和老婆下棋，把农民叫到跟前说："大家都说你聪明，那你就来猜猜我们这盘棋的输赢吧。猜对了，我赏你一个元宝；猜错了，我打你20皮鞭。"农民答应了，他当场铺开一张纸，写道"你赢她输。"

财主看在眼里，下棋时故意输给了老婆。他得意地对农民说："你输了，该打你20皮鞭了！""慢，老爷，我猜对啦！"农民说，"你赢她？输。"

这句话的意思就成了财主输，老婆赢，财主立刻没话说了，但狡猾的财主说："不行，再猜一盘才算！"农民又答应了。这一盘，财主赢了他老婆。农民打开纸一念"你赢，她输！"

财主又没话说了，他又没打成农民。"不，再猜一盘！这次你要是猜得对，我就一定把元宝赏给你；猜错了，就别怪我手下无情了！"农民说："可以，不过这回你说话可得算数了。"这一盘，财主和老婆故意下了和棋。农民又打开纸念道，"你赢？她输？"

这次农民不肯定谁赢谁输，所以说他们和了。财主想打农民的诡计又落空了。

农民根据情况的变化，读这四个字时选择了恰当的语调升降和语句停顿，终于斗败了财主。

在现代汉语中，虽然有标点，但碰到稍长的句子，说话者为了表意的需要，在没有标点的地方也需做适当的停顿，如果不注意，乱加停顿，往往也会影响语意而陷入被动。

某单位调整工资以后，在一次总结会上，一位同志在报告时说："通过这次工资调整，极大地调动了职工的积极性，加了工资的和尚，未加工资的干部，都纷纷表示……"

"妙语"一出，全场听众愕然，纷纷指责道："我们这里又不是少林寺，怎么还有和尚？"

"怪不得我们这些人没长工资，原来把指标送给庙里了！"

这位同志之所以闹出这种笑话，就是因为乱用停顿。

可见，说话中的停顿不是"真空"，里面蕴涵着许多想象和智慧的力量，恰到好处的停顿，能让你的语言锦上添花。

顾左右而言他的智慧

石玲的女儿两岁半了，和妈妈感情最好。一天晚上睡觉前，妈妈和爸爸逗她玩："宝贝，妈妈和爸爸你最喜欢谁呀？"石玲满怀期待地看着女儿。

小家伙回答："我最喜欢爸爸妈妈。"

石玲不甘心，继续问道："那我和爸爸你最不喜欢谁呀？"爸爸此时有点紧张了，等着女儿会怎样回答。

谁知小家伙想了几秒之后说："我最不喜欢大灰狼。"

在许多交际场合或人际关系中，人们往往会碰到一些难以回答或具有挑衅性的问题。在这种特定情势中，既不能用尖锐的语言反唇相讥，又不能用保持沉默来消极回应。这时不妨以某种打破逻辑的巧妙方式来作答。

按人之常情与世之常理，对于友好的邀请，欣然接受显然胜于断然拒绝。但是，有时对于一些邀请却偏偏不能接受，这时，该怎么办？

请听庄子《秋水》中关于神龟的故事：

一次，庄子正在河边悠然地钓鱼，突然来了两位楚王的使臣，他们恭恭敬敬地对庄子说："先生，我们大王想请您到朝廷做官，您同意吗？"

庄子无意当官，直截了当地拒绝又有失礼貌，于是这样回答："我听说楚国曾有一神龟,已死去3000多年了。大王对它十分敬仰,用精美的竹器盛着,上面还盖着极华贵的丝巾,高高地供在庙堂之上。不过有一点我搞不明白,你们替我说说看,那就是,在那只龟自己看来,究竟是死了后被人把骨头当作宝贝高高地供起好呢,还是像生前那样快活地生活在泥里摇头摆尾好呢?"

两位使者不假思索地回答："当然是快活地在泥里摇头摆尾好呀!"

庄子听了也立即答道："那么二位请回,且容我继续在泥里摇头摆尾吧!"

这段妙答既温暖又明确,即便是拒绝,也可以像这样礼貌得体。

装傻充愣是答非所问的一种,即回答别人的问题时,利用语言的歧义性和模糊性,故意错解对方的话意,说东答西。这种说话方式通常能产生特别的幽默感,出奇制胜。

某人拿了一份诗稿到报社要求发表,编辑看后说："这诗是你写的吗?"那人毫不脸红地说："是的,每一句都是我写的。"

编辑装作很认真地说："拜伦先生,看到您很高兴,我以为您已经死了一百多年了。"

面对抄袭拜伦的诗作且厚颜无耻者,如果编辑直截了当地说："你这首诗是抄拜伦的,我们不能发。"那就显得太平淡。这位编辑对抄袭者所言看似疯话,实则颇具幽默意味同时也体现了这位编辑极深的文化涵养。

有个爱缠人的先生盯着小仲马问："您最近在做些什么?"

小仲马平静地答道："难道您没看见?我正在蓄络腮胡子。"

小仲马表面上好像是在回答那先生,其实并没给他什么有用的信息。他意在暗示那位先生:不要再纠缠了。

在谈判中利用这种幽默技巧也能起到让对方摸不清己方虚实的作用，从而赢得谈判的主动权。

你这么蛮横，我也只能不讲道理

在人际交往中，我们有时会不可避免地面对一些巧言诡辩、强词夺理的家伙提出的谬论，通常都难以正面反驳。语言智者们往往采取"以彼之道还施彼身"的方法，以对方的论点为前提，推演到非常明显的荒谬结论，从而证明对方论点的虚假性，把对方逼到进退维谷的境地。这个方法简称归谬法。

【喝了牛奶，你就有牛的血统】

斯特·朗宁，加拿大外交官。他出生于湖北襄樊,父母是传教士。30岁时，他在加拿大参加省议员竞选，他的竞选对手竭力寻找攻击他的把柄。当他们得知朗宁从小是喝中国奶妈的乳汁长大的，如获至宝。在正式竞选的那一天,当朗宁成功地发表了竞选演说后，反对派们便齐声起哄：“朗宁喝过中国人的乳汁，身上有中国血统。怎能让一个具有别国血统的人当选为加拿大的议员呢？”

全场顿时一片哗然。

朗宁镇定地登上演讲台，目光炯炯地扫视一周，声音洪亮地回答：“我朗宁不回避小时候喝过中国人乳汁的事实，但按照刚才几位先生“高明”的逻辑,喝什么奶就具有什么血统的话,那么，假如刚才这几位发话的先生既喝过加拿大人的乳汁，又喝过加拿大牛的乳汁，到底是具有加拿大人的血统呢，还是具有加拿大牛的血统？抑或是人与牛两种血统的混血儿？”

那几位站起来发难的反对派被驳得哑口无言，旁听席上，掌声雷动。

朗宁的高明之处就在于在遭受嘲讽、挖苦的时候，能够镇定自若，不乱方寸，并且坦然承认自己喝过中国人乳汁的事实，既不必否认，更无须辩解，然后抓住论敌荒谬的观点推导出更加荒谬的结论，转危为安，大获全胜。

【小宰相甘罗】

春秋时期有很多名人以舌辩著称，有人用以下字句做了宽泛的描述："三寸不烂之舌，强于百万雄师。晏婴雄辩四方，张仪破横离纵，蔺相如渑池挫秦，甘罗十二为相。"

下面的小故事就证明了甘罗神童的美名不虚。

甘罗是秦国下蔡人，他从小就聪慧过人，能言善辩，深受家人的喜爱。甘罗的爷爷甘茂在秦国当了多年宰相，为人正直，不幸得罪了奸臣。奸臣向秦王进谗言："甘老宰相家里有只会下蛋的公鸡，吃了公鸡蛋，能长生不老。"秦王信以为真，当即下了一道圣旨，让甘茂三天之内献上公鸡蛋，否则，按欺君之罪论处。

甘茂接过圣旨一筹莫展，回到家后长吁短叹："上哪儿去找公鸡蛋？真乃无理要求！"12岁的小甘罗从后花园蹦蹦跳跳地来了，见爷爷神色不对，询问发生了何事，甘茂拗不过孙子，只好一五一十地说出了原委。

"秦王太不讲理了。"小甘罗气呼呼地说。他眼睛一眨，想了一个好主意，说，"爷爷，您别着急，我有办法，我替您去面见秦王。"甘茂半信半疑，但又别无他法，只能死马当活马医。

翌日一早，小甘罗穿戴整齐随满朝文武官员上朝。他不慌不忙地走进宫殿，向秦王施礼。

秦王很不高兴，说："小娃娃到这里捣什么乱！你爷爷呢？"

甘罗镇定地说："启奏大王，我爷爷今天来不了啦。他正在家里生孩子呢，托我替他上朝来了。"

一听这话，满朝文武哄堂大笑，都道这是天下奇闻。

秦王正色道："你这孩子，一派胡言，男人哪能生孩子？"

甘罗也不甘示弱地回答："大王圣明，那公鸡怎么会下蛋呢？"

秦王无言以对，不禁称赞道："小小顽童却有宰相之才！"

就这样，甘罗利用将错就错的否定方法，没有直接揭露秦王荒诞的要求，而是引出了一个更为错误的结论，让秦王自己去攻破自己的观点，不得不放弃自己的无理要求。

【空瓶里喝出酒来】

从前有位贪婪成性的财主，每次吩咐别人去办事都想从中揩点油水。一天，财主派一名伙计去买酒，却没有给钱，分明是要伙计自掏腰包买酒给他喝。聪明的伙计故意装出莫名其妙的傻样，问道："老爷，没有钱怎么能买到酒呢？"

财主生气地说："用钱买酒，这是谁都能办到的；如果不花钱就能买到酒，那才是有能耐的人。"

面对无赖的财主，伙计觉得该给他点颜色看看。伙计心生一计，一言不发地拿着酒瓶出去了。

伙计转眼间又拿着空瓶子回来说："酒买来了，请老爷美美地喝上两盅吧！"

财主见瓶内空空如也，便大发雷霆："岂有此理，你是怎么给我办事的？酒瓶空空，叫我喝什么？小心我扣你半年工钱！"

伙计这才慢悠悠地说："从有酒的瓶里喝到酒，这是谁都能办到的；如果能从空瓶里喝到酒，那才是真正有能耐的人。"

财主气得直翻白眼，一句话都说不出来。

显然，吝啬的财主只是想占伙计的便宜，聪明的伙计利用其荒谬的论断引出另一个更荒唐可笑的行为，巧妙地惩戒了财主一番，灭了财主的嚣张气焰。

【智圣东方朔】

武帝有文韬武略，功绩显赫，到了晚年，却仍逃不出帝王渴求长生不老的俗套。许多热衷于钻营的人，得知武帝的想法，便千方百计投其所好，趋之若鹜地向他进献仙丹妙药。虽说无一有效，但武帝总抱有侥幸心理，希望有朝一日能够碰到灵验的。

有一天，御医大臣进宫上奏，有人打听到湖广地方，洞庭湖的君山顶上长着一种仙藤，终年香气不散，把它酿成美酒，喝了能够返老还童，长生不死。

汉武帝听了，喜出望外，当即给御医晋升三级，还赏给他白银三千两，令他带领五百士卒，到君山取不死仙藤。

御医带领着士兵，浩浩荡荡地日夜赶路，来到了君山，找到了几位老人，寻到了酒香山的酒香藤。御医看见酒香藤果然奇香扑鼻，便不顾一切地命令手下把满山香藤拔光，好给皇帝酿酒。老人们看见他们这么粗暴，只好暗暗地藏下几根小藤，准备留做种子，谁知那藤上的酒香气味被御医闻到了，不但抢去了最后几根小藤，还把三个老人都杀了。御医命令手下斋戒淋浴，拜了三天神，然后动手蒸酒，好不容易蒸出两坛喷香的好酒，这才高高兴兴地赶回京城去了。

御医一路上风尘仆仆，早起晚睡，早已疲倦得要死，再加上酒香熏人，刚刚进宫，就迷迷糊糊地睡着了。

话说，汉武帝宫中有个智囊人物，名叫东方朔。此人诙谐滑稽，足智多谋，三寸不烂之舌令人称奇。

东方朔听说御医在君山为非作歹，杀害无辜百姓，一心想要当着皇帝的面揭发他的罪行，教训他一顿，便跑上前去捧起酒坛，把酒喝了个精光。

御医醒了，看见酒坛空了，东方朔的口里却酒气冲天，心想：我这到了手的高官，用不尽的金银，全被这个老头儿一口吞掉了！他越想越气，怒气冲冲地拉着东方朔见皇帝，告了他一个偷喝仙酒的欺君之罪。

汉武帝听了，龙颜大怒，喝令立斩东方朔。

因为东方朔平日为人正直，满朝文武都泪汪汪地跪在阶下替他求情。然而，东方朔却跟没事人一样，望着皇帝哈哈大笑，把汉武帝弄糊涂了。

他问东方朔："东方朔呀！你这个老糊涂，你死到临头了，还笑什么？你是真的不怕死，还是酒醉未醒？"

"我没醉，一点也没醉。陛下，御医在君山肆意杀害百姓，百姓住在酒香山，终年闻酒香，喝仙酒，为何未能逃脱他的杀戮，也未见一人复生？今日我喝了这么多仙酒，陛下如能把我杀死，这酒又如何称得上'不死仙酒'呢？人哪有不死的？如果皇上为了这假仙酒而将我杀死，不是要令天下人耻笑吗？"

汉武帝仔细一想，如大梦初醒，就把东方朔放了。

因此，宋朝罗大经在他编写的《鹤林玉露》中叹道："方朔数语，圆转简明，意其窃饮以发此论，盖讽武帝之求长生也！"东方朔就是故意借此事证明了汉武帝荒谬的命令，忠言进了，还保全了自己。

又有一次，汉武帝对大臣们说，"我觉得《相书》上有一句话是很对的：一个人鼻子下面的人中越长，命就越长，人中长达一寸，就能够活到一百岁。"肃立下面两边的文武官员一齐鸡啄米似的点头称是："对对对，皇上所言极是！"

东方朔知道皇上又在做长生不老的梦了，不由哧哧地笑起来。

汉武帝面露不悦之色，说道："爱卿为什么要笑朕，难道朕说得不对吗？"

东方朔赶忙深施一礼，恭恭敬敬地说道："陛下，我怎敢取笑您呢？我是笑彭祖，彭祖面长！"

武帝不解地问："彭祖面长有什么好笑的呢？"

东方朔解释道："传说彭祖活了 800 岁。如果《相书》真的很准的话，那么彭祖的人中就应有八寸长，而他的脸就该有一丈多长了。想到这儿，我怎么还忍得住不笑呢？"

汉武帝听了，转怒为喜，哈哈地笑了起来。

劝诫他人需要智慧。东方朔通过"以谬攻谬"的方式，不仅使得汉武帝有所醒悟，也赢得了他更多的信任。

运用"归谬法"应该注意几点：

1. 抓住对方的谬误所在。对方的谬误往往隐藏在整个议论之中，因此，要敏锐地抓准谬误点，而后假设对方是正确的并加以引申，使之走向极端，这是归谬法的关键。

2. 推论要合乎逻辑，必须严密，以使引申出来的结果与原错误观点之间有很强的逻辑关系，而且越荒谬，人们越能看清楚其本质；否则，"归谬"就变成真的谬误了。

3. "归谬法"的最终目的是使对方的错误论点不攻自破，因此，所"归"之"谬"必须十分"荒谬"。

4. 要掌握分寸。由于"归谬法"具有讽刺色彩，因此，运用时必须注意区分对象，酌情处理，讲究策略。

"得理不饶人"是最蠢的话术

"人非圣贤，孰能无过。"得了理，也别不饶人，让别人三分，给别人留条退路，也是给自己留余地。

王朝是一家事业单位的老员工，仗着自己在单位工作时间长，就自居为领导，经常指使新来的员工帮自己做事。王朝是一个"直性子"，不高兴了就会批评新来的实习生，还经常得理不饶人。

李多多是今年新招进来的应届毕业生。刚参加工作，王朝让她干活，她就干，也不敢说什么。但时间久了，李多多发现，其中有一些事情其实不是自己分内的工作。

李多多找到王朝，对他说："这些工作不是我分内的，我不想再帮你做了。我自己的工作也好多。"

王朝听了这话，很不开心。他觉得自己的"权威"被挑战了，但是，除了苛责李多多几句，他也不能做什么。这件事情就这么过去了。

几天后，李多多上班吃零食被逮个正着。于是，领导让王朝跟李多多说一下，以后不要这样了。王朝开心坏了，狠狠地骂了李多多一通，见到谁就跟谁说这件事。

李多多知道了，并没有说什么。她改掉了自己的毛病，并努力工作。后来，李多多通过考试，成了王朝的领导。

王朝记恨李多多不帮自己干活，还挑战自己的"权威"。于是，在抓到李多多的痛处之后，他"得理不饶人"。我们常说，得饶人处且饶人，给别人留点余地，日后也好相见啊！

得理让三分，一是给自己留退路。言辞不要过于极端，这样才能从容自如地处理彼此的关系；二是给别人留退路。不管在什么样的情况下，都不应该把别人逼向绝路，如果对方没了退路，也许会做出一些过激的行为。这样的结果是大家所不愿意看到的。

得理让三分，不让别人为难，同时也是不让自己为难。让别人轻松了，自己也可以获得解脱。道理有时候并不是讲出来的，一味地纠结于这一件事情，自己的生活也会不快乐。

有些人比较情绪化，得了理，他们可能会一直与对方讲道理。在情绪平静下来之前，这件事情是不会结束的。公道自在人心，谁是谁非，大家都看得出来。过于苛责别人，其实没有什么意义。

"得理不饶人"，看起来好像是在坚持"正义"，可实际上，这是不合理的。每个人看问题的角度不一样，自然也就对正义有着不同的看法。所以，下次遇到了占理的事情，别太过分"讲理"。

不要随便跟人争辩

在社交场合，无论你自己的知识多么丰富，也不要借此来压倒别人，使人难堪。在别人愿意听你的意见的时候，你可以把你所知道的讲出来，给别人作参考。同时，还要声明你所知道的是极有限的，如果有错误，希望大家不客气地加以指正。

在听到自己不以为然的意见的时候，应不应该反驳呢？这要分几种情形来决定：

1. 如果在座的人，大家都很熟悉，而且经常喜欢在一起讨论问题的，那么，就应该根据自己所知，讲出自己认为正确的道理。

将事实，照实地讲出来，给大家作一个参考。

2. 如果在座的人，大家都是初识，你对他们的脾气、身世、性格、作风都不大清楚的时候，那么对于那些你不同意的意见就最好不要反驳，也不必随声附和，冒充知音。

3. 倘若自己也熟悉的朋友，在社交场合说了一些不得体的话，或是发表了很不正确的意见，那么，就要设法替他解围。可以想出一些表面上和他不冲突的话，实际上替他补充，叫别人觉得他的意见并非完全错，只是有点偏差，或是他的本意原非如此，只是措辞上有一点不妥而已。但事后，却应当单独地向他解释，指出他的错误。

大家见了面，总不免要说话，也就不免会听到自己不同意、不满意的话。对这些话，要采取什么态度，应该根据当时当地情形，好好地加以考虑。

第六章　让你的演讲令人难以忘怀

　　对新手来说，要面对许多相对复杂而陌生的环境，这比学网球或开汽车明显要困难很多。因此，只有通过不断的练习，才能把这种不确定因素变为确定因素，从而使自己感到轻松自在。只要有了成功的经验，当众说话就不再是一种痛苦，而是一种快乐了。

如何克服怯场

在一次卡耐基口才训练班的毕业聚会上，有一个毕业生面对着许多人，坦诚地对卡耐基说：

"卡耐基先生，五年前，我来到了你举办演讲的饭店门口。当时我知道，只要一参加卡耐基口才训练班，就迟早要当众演讲。因此，我的手僵在门把手上，却不敢推门进去。最后，我只好转身离开了。如果当时我知道你能让我轻易地克服恐惧——克服那种让我一面对听众就瘫倒的恐惧的话，我就不会白白浪费这五年宝贵的时间了。"

卡耐基看得出来，他说这番话的时候显得格外轻松和自信。这个人一定能凭借他学到的演讲能力和自信力，提高自己处理各种事务的能力。卡耐基非常高兴他能勇敢地面对"恐惧"这个让无数人头痛的大敌，并且最终战胜了它。

不用多说，"怯场"这个词本身就会让我们紧张。当你在演讲之前，发觉自己心跳加剧、颤抖、流汗、口干舌燥的时候，这表明你已经开始怯场——当然，还会有其他的症状。一位女士在一个房间里发现一位男士在走来走去，并且不断地自言自语。女士问他："你在做什么？"

男士回答："我将要在一个宴会上发言，现在还差10分钟。"

女士又问："你总是这样紧张吗？"

男士说："我并不紧张。难道你觉得我很紧张吗？"

女士说："你在走来走去，并且自言自语。最关键的问题是，你现在在女洗手间里。"

上面这个故事可能有些夸张了，但是的确有人经常告诉我们：大多数人认为当着众人说话比死还可怕。对卡耐基来说，卡耐基并不相信怯场是不治之症——至少我们有办法能够缓解怯场带来的压力。1912 年卡耐基开始授课后，还不知道卡耐基的课程能帮助人们减轻恐惧和自卑感。随着研究的深入，卡耐基发现演讲实际上是一种自然的表现，学会它可以帮助人们减轻不安之感，从而鼓起勇气、建立自信。因此，卡耐基决定终生致力于帮助人们在当众说话上消除这种可怕的威胁。

卡耐基在《人性的优点》一书中已经讲过树立成功的信念的重要性。你要记住，你必须成功，也必定能够成功。另外，卡耐基还提到积极的心理暗示、借助别人的经验等，这些方法对克服怯场也有很大的帮助。

罗宾逊教授在他的《思想的酝酿》一书中说："恐惧产生于无知和不确定。"确实，对大部分人来说，他们害怕当众说话主要是因为不习惯、当众说话存在不确定性，所以产生了焦虑和恐惧。特别是对新手来说，要面对许多相对复杂而陌生的环境，这比学网球或开汽车明显要困难很多。因此，只有通过不断的练习，才能把这种不确定因素变为确定因素，从而使自己感到轻松自在。只要有了成功的经验，当众说话就不再是一种痛苦，而是一种快乐了。

以下这个故事正好能说明这一点。杰出的演讲家、著名的心理学家艾伯特·爱德华·威格恩在他读中学时，曾被老师要求做一次五分钟的演讲。在准备演讲的那段时间里，爱德华一想到自己要当着那么多同学的面演讲，心里就十分恐惧。他详细地描述道：

"演讲的日子就要来了，我却病倒了。每次一想到那件可怕的事情，我就头昏脑涨、脸颊发热。我只好跑到学校后面，把脸贴在冰凉的墙面上，好让脸不再发红。

"在读大学的时候，我也还是这样。有一次，我好不容易背下了一篇演讲词的开头，但是当我面对听众的时候，脑袋里突然'嗡'地响了一下，然后就一片空白了。后来，我又勉强地挤出一句开场白'亚当斯和杰弗逊已经过世……'之后就再也说不出话来了。我只好向听众鞠躬，最后心情沉重地回到我的座位上。

"这时，校长站起来说：'唉，爱德华，我们听到这则令人悲伤的消息，实在是太震惊了。不过，我想我们会节哀的。'接着就是哄堂大笑。当时我真的想以死来求得解脱。之后，我就病了好几天。

"当时，我在这世上最不敢期望的，就是做一个大众演讲家。"

世事难料，爱德华大学毕业一年后，丹佛市掀起了"自由造币"运动。爱德华认为"自由造币主义者"的主张是错误的，并且他们的承诺非常空洞。为此，他艰难地凑齐了到达印第安纳州的路费，并在到达该州后，就确立"健全的币制"发表了演说。他回忆说：

"刚开始的时候，我在大学演讲的那一幕又浮现在我的脑海里，挥之不去的恐惧使我窒息。我讲话还是结结巴巴，恨不得立即从讲台上逃下去。不过，最后我还是勉强完成了绪论部分。虽然这只是一次微小的成功，但却使我增加了不少继续往下说的勇气。当我结束演讲的时候，我以为我只用了 15 分钟的时间，其实我竟然说了一个半小时。这让我极为惊讶。

"结果，在以后的几年时间里，我成了令全世界震惊的人。我竟然把当众演讲当成了自己的职业。"

爱德华认识到，要想克服当众说话时那种如同遭受灭顶之灾般的恐惧感，最好的方法莫过于首先获得成功的经验，并以此不断地激励自己。

出于职业原因，我每年都要担任 5 000 多场演讲的评审员。这个经历让我发现：只有在演讲之前做好充分的准备，才能真正克服恐惧，建立完全的自信。这就好比在打仗之前，只有精心准备作战的武器，才能立于不败之地。

丹尼尔·韦伯斯特说过："如果我没做好准备就出现在听众面前，就像是没有穿衣服一样。"没有哪个比喻比这更贴切了。

几年前，在一次残疾人协会的午餐会上，一位政府要员被邀请做一次演讲。这位政府要员之前并没有做好准备。他站在台上，打算进行即兴演讲，但是却不知道该说些什么。他一边胡乱地开了个头，一边从口袋里掏出一沓便笺纸，打算从上面找出一点合适的东西来。然而，由于便笺纸上的内容杂乱无章，他显得更加尴尬。

他手忙脚乱地在那些便笺纸中翻来翻去，时间也一分一秒地过去。他显得越来越绝望，所以不停地向大家道歉。最后，他不得不仓促地中断他断断续续的演讲，在困窘和尴尬中走下台来。

这位政府要员就是一个最没有面子的演讲者。他由于没有提前准备自己的演讲，结果正像卢梭所讽刺的那样："不知道怎么开始，更不知道怎么结束。"而你如果希望建立完全的自信心，就必须认真对待每次演讲，提前做好充分的准备。

如果你做好了充分的准备，你必须确信自己演讲的题目有意义。演讲题目选好之后，再根据计划加以汇集、整理。你必须具有坚定的态度、严格的要求，并以此激励自己。怎么才能让自己确信这一点？这就需要你详细、深入地研究题材，抓住其中更深层的意义。在你登台演说之前，最好先和朋友聊聊。如果他提出了一些合适的意见和建议，你就有必要对自己的演讲进行修改。这样，你就可以让自己确信：演讲题目很有意义，将会让听众受益。

　　除非心存某种远大的理想，并且准备为之献身，否则，任何一个演讲者都会对自己的演讲题材产生怀疑。他会问自己适不适合这个题目、听众会不会感兴趣，因此他很可能在一夜之间突然更改题目。所以，你应该学会给自己鼓气，告诉自己：这次演讲是适合我的，因为它来自我的经验，并且我为之做了充分的准备；我比任何一个演讲者都适合做这样的演讲；我能够也应当全力以赴地把它说得清清楚楚。

　　另外，我还打算告诉你们一个事实。社会科学家以他们的研究告诉我们，说话的人和听话的人对于紧张持有不同的看法。通常情况下，即使说话的人宣称自己已经非常紧张，但是听话的人可能完全觉察不出来。这就好像一个人脸上起了一个小疙瘩，而他自己把它想象成有西瓜那么大——这可能相当于他的脑袋的大小了。所以，不论他走到哪里，他都以为人们都在注意他脸上的小疙瘩。

　　但是事实却是，根本没有人注意到这一点。紧张也是一样的。它只是你心里的一个小疙瘩，和听众比起来，可能只是你感觉比较糟糕而已。

　　避免想那些可能使你不安的事情。比如说，你千万不要去设想你可能会犯语法错误，或突然中断讲不下去等情况，因为这些消极的想法很可能使你在开始演讲之前就没有了信心。极为重要的是，演讲之前，不要把注意力放在自己身上——集中精力听别的演讲者在讲什么，把你的注意力放在他们身上，这样你就不会过度地恐惧了。

释放你的压力或者使它转移，你可以用这些方法：

呼吸。慢慢地吸一口气，尽量长时间地坚持住，然后慢慢地呼出去。重复这样的动作，多做几次。呼吸练习是一种最古老的释放压力的办法。生理学家说，我们可以在呼吸的时候，释放出自己身体里的二氧化碳，减少血液的酸性，而且能够增加大脑的供氧量。

伸展身体。尽量舒展你的身体 10 至 15 分钟。转动你的头部，用尽量大的力气摆动上肢，张开你的嘴巴……这些动作能够减轻你的肌肉疲劳，而且也不需要什么特定的场地。

按摩。按摩你的太阳穴和脖子。当你怯场的时候，这两处是你最容易感到疲劳的地方。

停止你的紧张的动作。比如，不要像上面我提到的那位先生那样不停地踱步和自言自语，不要大量地喝水。不管你事实上有多紧张，都要表现出你很平静的样子，让听众感觉你充满了自信。

我非常真诚地希望，我介绍的这些方法能够有效地帮助你克服怯场。

找出自己的弱点和不足，有针对性地进行自我暗示。

如果可能的话，找出其他演讲者的缺点和不足，比较自己的优点，进而建立你的自信心。

把你的演讲词扔在一旁，告诉自己，用不着它。

无论做任何事情，只要你坚信你会成功，你就应该一直朝它前进，不要顾虑太多。最重要的是，你要拿出你的勇气全力冲过去，如果总是不停地犹豫，你就成不了大事。

如何发表即兴讲话

几年前，布鲁克林有一位医生——我们姑且称之为科第斯先生——被邀请参加一次棒球队的聚会。在没有任何心理准备的情况下，他听见主持人说："今晚，有一位医学界的朋友在场，他就是科第斯先生。让我们欢迎他上台给我们谈谈棒球队员的健康问题。"

科第斯医生是研究卫生保健的专家，行医已30多年。照理说他应该胸有成竹才对，但是由于一生中从未做过公开演讲，当看到人们鼓掌的时候，他心跳加快、惊慌失措。所有人都注视着他，他却摇了摇头，表示拒绝。没想到这个举动引来了更热烈的掌声，人们的呼声也越来越大。

科第斯医生十分清楚地知道，如果自己站起来演讲，结果只能是失败。于是他只好站起来，转过身背对着自己的朋友，默不作声地走了出去，场面陷入了极度难堪之中。

我不知道那些宁愿选择死也不愿发表演讲的人，在毫无准备的情况下听到"请随便讲几句"这样的话时会有什么感想。他们连那种有准备的演讲都不愿意做，在面对这种突如其来的即兴讲话的时候，会不会都像科第斯先生一样？

不幸的是，在我们的这个社会里，即使是在一般的休闲场合，我们都会经常被人问及自己对某件事情的看法，随时都有被叫起来讲几句的"危险"。

"如果给我时间好好准备，"你可能会这么说，"再让我站起来讲话，并不是什么难事。但是如果临时被叫起来，我就多半会不知所措。"

不要丧气，这是大部分人都会有的问题。他们在这种时候，都像你或者科第斯先生一样，恨不得马上找个地洞钻进去。不过，你应该明白，我这么说并不是想告诉你即兴讲话是人们的死穴——无论我们怎么努力，都不能成功地战胜这个弱点。

很多说话高手的确成功地做到了这一点。他们看起来好像永远都准备得非常充分，而不是仓促地站起来。是的，每个智力正常如你我的人，只要运用了正确的方法，通常就都能够十分得体地甚至是非常精彩地进行即兴讲话。而接下来我将告诉你，怎么样才能做到这一点。

许多年以前，道格拉斯·菲尔班克在《美国杂志》上发表了一篇关于益智游戏的文章。据说查理·卓别林、玛利亚·匹克福和他经常玩这个游戏。

"我们每个人分别写下一个话题，然后把写了字的纸条折起来放在一起。我们当中的一个人在其中随意抽取一个，然后站起来讲一分钟。而且，同一个题目从不使用两次……

"非常重要的是，当我们玩过这个游戏后，我们的思维全都变得敏捷了，对于各种各样的话题也有了更多的了解。但更加有用的是，我们学会了在短时间里根据任何题目迅速运用自己的知识和思想进行思考，学会了"站立"思考。"

我在卡耐基口才训练班上经常使用另外一种方法。我会叫一个班的学员全体行动，让他们按照顺序，承接前一位说话者的话往下说。

比如，一个学员开始精彩地说着一个故事，当他说到关键地方的时候，我突然让他停住，然后叫另外一个学员往下说。

一开始，他们觉得非常困难。我鼓励他们无论自己说得多么糟糕，都应该把它说出来。结果，虽然他们讲得不怎么样，却并没有放弃。事实证明，这样的练习的确很有效——最后他们都不同程度地提高了自己即兴讲话的能力。最重要的是，他们觉得即兴讲话也不是什么让人为难的事了。

因此，注意多进行有针对性的练习——方法当然不止上面提到的这两种——对你会有很大的帮助。像这类的练习多了，当需要即兴讲话的时候，你也就能够应付自如了。

无论是什么场合，我们随时都有被要求说两句的"危险"。如果你同意我的观点，为什么不早早地做好站起来说话的准备呢？如果你正在参加一个会议，你为什么不想一想如果你站起来，应该发表什么样的意见以及怎么发表意见呢？

我班上的学员都具备一种本领，那就是随时都做好了说话的准备。因为他们知道，他们随时都有可能被我叫起来讲话。事实上，正是这种准备使得他们的即兴说话水平变得很高。因此，我给你的建议是，随时都做好准备。

你知道，当你要发表意见的时候，前提是你对这个问题已经有过自己的思考，并得出了自己的意见。因此，不要对你所参加的会议或宴会漠不关心，而应对与它相关的一些问题进行思考。

当别人希望你说几句，而你因为各种原因并没有做好准备的时候，你最好立刻对你想要表达的观点进行举证。这种方法可以使你马上进入状态，忘掉暂时的紧张。相对来说，如果一件事情来自于自己的经验，描述起来并不困难。

立即进行举证的另外一个好处我已经在前面说过，那就是可以吸引听众的注意力。听众会对这种事例感兴趣的，而且这样也符合他们的节奏。因此，立即举证能使你和听众的关系更加和谐，而这对你很有利。

不管你找没找到合适的例子，你必须迅速地找到切入点。也就是说，告诉听众你想要说的究竟是什么。切入点应该从此时此地开始，我的意思是，要针对你的场合和说话对象，讲一些与当时的场合或者听众有关的事情，这样会激起他们的兴趣。

一个很好的例子是，赞美其他演讲人，并且从他们的话题中找到自己想要谈论的东西。我知道，你会用我前面讲过的三种思维方式去做到这一点的。

不要让别人认为你的即兴讲话什么都没讲，要明白你正在进行的是即兴讲话。人们并不希望你一直讲下去，因为那只是浪费他们的时间。

仅仅不着边际地信口开河，把根本不相干的东西扯到一起，这样做的结果只能是失败。但是这似乎是一个很难的问题。因为如果你的很多想法和例子只是乱糟糟的一团，你就很难把它们都表达出来。如果你把你说话的布局都想好了，那么剩下的就只是用你的材料和观点把它填充起来。

我介绍几种常见的布局方式：

纵向布局。按照时间的先后顺序进行排列，或者按照事情发展的因果顺序、逻辑顺序进行排列。

　　横向布局。谈论几个问题的时候，或者谈论一个问题而打算用几个证据进行说明的时候，可以进行横向布局。这些问题的关系是并列的。

　　总分布局。对你谈论的东西进行结构分解，在大的标题下分列若干小标题，这样能够使你清晰、透彻地说明你的意见。你也可以通过提问或提供解决方案的方式进行布局。

　　递进布局。把你的谈话内容的各个层次采取由浅到深、从大到小的顺序排列，这是一种最常见的布局方式。

　　我相信，如果你能够遵照这些方法的话，即兴讲话也不是多么难的事情。你也许已经看出来了，我强调即兴讲话的准备工作。没错，如果你想让你的即兴讲话出色的话，最重要的还是你的平日之功。

　　消除自己的胆怯心理。不要对自己寄予过高的期望，听众也不会这样的。相信自己能够说好。

　　不断地练习。练习能够使你明白即兴讲话并不困难，而且能让你熟悉类似的环境。

　　随时准备发表讲话。不要等到被别人叫起来说话的时候，才开始想你的话题。

　　万事开头难，想办法平稳地度过开始的时间，你会慢慢地忘记紧张的。

　　要言之有物。如果正好相反，不但听众不会喜欢你的讲话，而且你也会走向无话可说的境地。

　　进行适当的布局。良好的布局可以使你的讲话变得更加轻松。

成功演讲的方法

我们已经讲过了演讲成功的重要性，所以并不打算在这里再次强调。我将直接告诉你如果想要演讲成功，需要注意哪些问题。下面就是你需要注意的问题：

选择你生活中有意义的、曾经启发过你的、有关人生内涵的经验，然后，把从这些经验中汲取来的思想、概念、感悟等汇集起来，进行符合你习惯的组织和安排，我们务必要做到胸有成竹。

记住这一点：所谓真正的准备，是对你将要演讲的题目的深思熟虑。你可以把你的想法写在纸片上——寥寥数语即可。当你演讲的时候，这些片断可能有助于你的语言安排和组织。听起来并不难吧。当然，只要多一点专注和思考，就能达到你的目的。

为了演讲的万无一失，你可以采取一种十分有效的方法，那就是在朋友面前预讲。历史学家艾兰·尼文斯对作家说："你可以找一个对你的题材感兴趣的朋友，详尽地把你的想法说出来。这种方式，可以帮助你发现可能遗漏的见解、无法预知的争论以及找到最适合讲述这个故事的形式。"

你可以把你打算在演讲中阐述的观点，用于和朋友或同事平常的交谈中。当然，你不需要全部搬出，他们可能没有那么多时间来听你把它讲完，你甚至不必告诉他们这就是你要讲的题目。你只需在午餐时倾过身去说类似这样的话："你知不知道，有一天我遇到这样一件事情，告诉你吧。"你的朋友或同事可能很有兴趣听下去。在你讲的时候，你可以观察他的反应。说不定他会有有趣的主意，可能那是很有价值的意见或建议，你不妨听一听。即使他知道了你是在预演，那也没关系。他很有可能本来就很喜欢听你的讲话。

考虑演讲时可能遇到的问题。这些问题不仅包括与你演讲有关的，比如可能没有想到一个合适的词语；也包括会场上可能出现的各种情况，比如可能话筒的声音太小等，还有就是如果你忘记了接下来要讲什么或者你的演讲被陌生人打断你应该怎么办。只有考虑到这些问题并且想好解决的办法，才能称得上是充分的准备。

我曾经花费了许多精力，想要寻找到一个合适的演讲构架。我希望学员们能够通过演讲材料的有效安排，一鼓作气地打动听众。我们在美国的许多地方举行过会谈，邀请了我们所有的老师对这个问题踊跃发表自己的看法。最后，我们终于得出了一个"魔术公式"。

这个公式的具体步骤是这样的：第一步，把你的观点用实例告诉听众；第二步，详细而准确地表明你的论点；第三步，告诉听众，你的演讲会给他们带来什么好处。

我们这个时代是快节奏的。听众不希望演讲者发表冗长的、闲散的演讲，而是希望演讲者能够以直率的语言一针见血地指出自己的观点，因此这个"魔术公式"特别有效。当然，我并不是说这个公式就是万能公式，因为可能还存在其他的同样有效的演讲构架，这要针对不同的演讲人、听众，演讲内容而定。总的原则是，我们的演讲构架必须使我们能够直接而有效地说明我们的观点，并且能让听众理解、接受。

在你打算进行演讲之前，务必对你的听众有相当的了解。你必须知道他们是些什么样的人、有什么爱好、关心什么问题，否则你可能面临对牛弹琴的危险。要选择听众感兴趣的主题、选择他们容易接受的方式，还要想到他们可能会提出的问题的解决方法。要通过各种方法得到这方面的信息，因为无论如何，这种信息都会对你有很大的帮助。

在演讲过程中，你要随时和听众保持联系。不要忘了与听众沟通，你可以用你的微笑、停顿或其他动作来表示你对他们的关注，或者向他们提出一些问题。随时注意你的听众的反应：他们是紧锁眉头，是激昂亢奋，还是快要睡着了？你要针对这些采取相应的对策。

演讲结束后，你还可以对听众的感受进行调查。他们会提出一些对你很有用的问题，这样对于完善你的演讲会有很大的帮助。

形成自己的风格：

我曾经对 100 位著名的商业界成功人士进行过一项测试。结果发现，在促成一个人成功的因素当中，个性的因素远远比智力因素重要。

同样，这个结论对演讲者来说也十分重要。成功的演讲者一致认为，除了充分的准备之外，个人风格是演讲成功最为重要的因素。

我们需要认识到这一点：演讲并不仅仅是讲话，还包括讲话的方式。作为听众，他们并不是机器，他们能够强烈地感觉到你的眼神、动作、表情，个人魅力等东西，而且对这些东西的关注，甚至超过了你的讲话本身。而这些东西恰好构成了你的风格。没有人愿意听一个他不喜欢的人讲两个小时。

每个人都可以形成自己的风格，这种风格并不只是跟你的个性有关，还包括许多细微的东西。可以说，你的任何一个细节，如果能够给听众带来一种愉悦感的话，那么你就应该毫不犹豫地加以利用。

幽默、机智也是个人的风格，它能够反映你本身的修养和性格。总之，只要是能够博得听众的好感的个性，你都应该运用，并且将这种个性清晰、具体地展现出来。

必须从演讲者、演讲内容和听众这三个方面对你的演讲进行思考，不要忽视任何一个方面。

充分地进行准备，这是保证你演讲成功的首要因素。演讲之前，要确认自己已经准备妥当。

要注意你演讲的方式、说明问题的方法，以及你的个人风格。方式恰当与否不但影响你所表达的内容，而且可能决定演讲的成败。

关注你的听众。演讲是讲给他们听的，而不是自言自语。

演讲过程中的应变技巧

我曾经听过一个一开始可以说是非常成功的演讲。演讲人的开场十分吸引人，他声情并茂、幽默风趣。当演讲进行了大概30分钟的时候，演讲人突然站在原地一动不动，做出了一个思考的动作。我不得不说，他的思考的动作做得十分潇洒——但是持续得太久了。接下来，听众都开始知道，他忘记了自己想要讲的内容——他手足无措，连连向听众道歉，并且头上也冒出汗来。虽然我们都希望他能够想起来，但是最后，他还是没有能够再继续往下说，满脸通红地走下了讲台。

明明是一次经过苦苦思索、精心准备的演说，本来极有可能取得成功，但是却遇到了这种意外的情况，这让我感到遗憾。是的，像这位先生所遇到的这样的场景经常会出现——由于演讲者没有妥善地进行处理，使它变成了一个演讲的"杀手"——我十分不希望你像他那样，或者说，不像你以前经历过的那样，而是希望你能够从容地进行处理。为此，我将告诉你一些应变的技巧。

美国著名的主持人哈利·范·泽西在年轻的时候，曾经犯过一个十分低级的错误。那时候，他正通过广播向全美国的听众介绍一位著名的人物："女士们、先生们，接下来为我们演讲的是美利坚合众国总统——胡伯特·西佛，请大家欢迎。"我不知道当时的胡佛总统有什么反应。不过，这种错误并没有给这位主持人造成太大的影响。事实上，他依然是我们最喜爱的主持人。

我想要说的是，即使犯了一个错误，也不会给你带来天大的灾难——天塌不下来，甚至不会有任何较大的影响。就算是最好的演说家，或者各行各业里的杰出人物，他们也都难免会犯错误。如果你犯了错误，最好不要惊慌失措。一句古话说得好："不做错事的人，是不做事的人。"因此，即使你在演讲中像哈利·范·泽西那样犯了错误，也大可不必那么慌张。你要告诉自己冷静下来！慌张并不能解决任何问题，只有先冷静下来，才能采取一定的补救措施。

演讲过程中遇到的意外情况，当然不只是自己忘记了接下来要讲什么，或者说错了一个词。当外在因素干扰了你的演讲，你也需要冷静。冷静地对待那些冒失鬼或者处理一些情况，这才是你必须要做的。

我接下来要讲的各种技巧，都是以演讲人的头脑冷静为前提的。

　　在我们演讲的时候，忘词是一个经常遇到的问题。许多人为了避免自己出现这种情况，会把演讲词背得滚瓜烂熟。我相信，这是一个办法，但绝对不是好办法——或者说，这是一个防止忘词的好办法，但绝不是演讲的好办法。

　　我在前面讲过，我们只有脱离演讲词进行演讲，才能进入自然的演讲状态。而且，即使背诵了演讲词，也不能防止你的大脑在演讲的时候会出现"短路"或者"真空"的情况。这时候，由于你只是机械地记住了演讲词，因此一旦忘记，补救是十分困难的。

　　忘词包括两种情况，一种是忘记一个词或一句话；另一种是忘记接下来要讲什么。这时候，不要像猴子一样急得抓自己的头皮。你必须集中精神，争取在几秒钟之内想起这个词语或接下来要讲什么。在你想的过程中，你需要用一定的动作或语言向听众证明一件事情：你并不是忘词了，而是在想一个更加合适的词语，或者是另有所图——给听众思考的时间、故意停顿以引起听众注意之类。你可以重复一下你前面说的内容。如果你实在想不出来，第一种情况下，考虑用另一个词或另一句话代替；第二种情况下，把你能够想起的另一段先讲出来，然后再慢慢地想你所忘记的内容或者干脆自由发挥——但一定要紧扣主题。总之，不要让听众等得太久，否则他们会失去耐心的。

　　如果你发现自己说错了某个词或者表达错了某个观点，而你想改正过来，这就需要比较高超的技巧了。关键是，不要因为口误而影响了演讲的连贯性、完美性与和谐气氛。

　　直接道歉。几乎所有人都会犯错误，所以听众会原谅你的。但是由于这种方法过于直接，因而可能会影响演讲的连贯性。

　　继续下一话题。忘记你的口误，装作什么都没有发生，但是在你快要结束的时候，问一问听众是否注意到你犯了一个错误。这就是告诉听众，你在检验他们注意力是否集中。

现场改错。一位演讲家在发生一个口误之后，马上大声地说道："朋友们，难道你们认为是这样吗？"这种方法十分有效。

当你在演讲的时候，一位听众匆匆推门进来，手忙脚乱地寻找座位，或者当听众都在聚精会神地听你的演讲时，某人发出了奇怪的声音，这时候，听众的注意力都被这种意外事件吸引住了。意外事件指的是自己不曾预料到的、并非直接由自己导致的事件。它的处理更加需要应变能力。

我无法提供万能的答案，事实上，我在前面已经提到过一些基本的方法。应对突发事件最重要的一点是，把这种意外事件变成对自己演讲有利的事情。

一位演讲者演讲的时候，突然停电了，演讲大厅里一片漆黑。这时候演讲者的声音清晰地传到了听众的耳朵里："看样子，现在我们不得不在谈论的主题上发一些光。"这句话吸引了听众的注意力，使演讲得以继续进行。

还有一个故事，有一次，一个国会议员正在发表演讲，听众们则在聚精会神地侧耳倾听。突然，其中一个听众的椅子坏了，那人也跌倒在地。这种情况的出现是议员始料未及的，他担心这会分散听众的注意力，从而直接影响到演讲的效果。议员急中生智，提高音量对听众说："各位现在应该相信，我刚才所说的理由足以压倒一切了吧？"这句话十分精彩，立即赢得了听众热烈的掌声。

必须冷静、理智地去想解决问题的方案，这样才不至于错上加错。

当忘词的时候，争取时间让自己想起来，或者换别的方案，不要让听众长久地等下去。

不要为自己的错误而忐忑不安。最重要的是，告诉听众一个正确的答案，并且不要使它影响到你的演讲。

应对意外事件需要足够高的技巧，原则是化不利为有利。

吸引听众关注内容的技巧

听众的注意力是有限的，无论演讲者怎样努力，总会遇到听众注意力不集中的情况，在这种情况下，演讲者就需要想一些办法把听众的注意力吸引回来，否则就会导致演讲的失败，会场秩序的混乱。

一、声东击西

所谓声东击西，兵法中是这样写的："凡战，所谓声者，张虚声也。声东而击西，声彼而击此，使敌人不知其所备。则我所攻者,乃敌人所不守也。"它的意思是：凡是作战中所说的"声战"，就是虚张声势。在东边造声势而袭击的目标是西面，声在彼处而袭击此处，让敌人不知道如何来防备。而我军所攻击的地方，正是敌人没有防备的地方。

声东击西，是忽东忽西，即打即离，也是一种演讲方式。如果我们发现听众对于演讲的内容出现了疲劳和厌倦，采用正面强攻的方法是无法取得预期效果的，而采取佯攻，突然说些表面上和演讲没有太大关系的内容，反而能够引起听众的好奇心。

因此，在同听众的接触中，不要太急于暴露自己的意图，尽量讲听众所感兴趣的地方，使对方逐渐对你产生信任感，从而建立起良好的关系，此时演讲才能取得良好的效果。

二、投石问路

当演讲者不确定某个论点是否能吸引观众时就可采用这种方式来进行试探。

有时，为了了解对方心中的秘密，又不便直接询问，可以用"投石问路"的曲问法进行试探。面对一些敏感的人时，问者便会显得谨慎。投石问路之法也被广泛运用于审讯之中。

三、欲实先虚

所谓欲实先虚，是演讲者为了让对方顺着自己的意愿来展开话题而设下的一个圈套。这是因为平铺直叙地将道理讲述出来，有时无法打动听众的心，不能吸引听众的注意力。在这种时候，由演讲者先虚设一问，这一问乍一看与演讲内容毫无关系，或者让对方摸不清虚实，当对方给出答案后，这种答案其实正是演讲者想要的，这时演讲者就可以抓住对方的话柄，以此为契机，得出想要的结论。这时，听众无法否认自己刚才说过的话，也就无法否认演讲者的结论了。演讲者可以通过这样的小圈套来达到演讲的目的。

第七章
演讲内容的设计策略，
让你的内容更有说服力

　　演讲者不但要收集赞同的声音作为论据的材料，对于那些反对的声音，与论点相悖的材料，也要收集。材料越充分，思路就越开阔，论据就越充分，也就越能正确有力地阐明论点，产生令人信服的雄辩力量。

收集材料的原则

收集材料不是一个混乱的过程，我们要知道自己的演讲需要什么样的资料，什么样的资料适合我们的演讲。如果我们不分青红皂白，只是广泛地将我们所看到的信息都收集起来，虽然能让我们得到大量的资料，但是这样繁多的资料会增加我们的工作量，所以有计划地收集资料才能更好地完成演讲。

所谓准备充分的材料就是尽可能多地把我们能够收集到的材料全部收集起来，只有这样，才能满足演讲的要求。这样我们既能纵向了解事物发生、发展的经过，又能横向了解事物各方面之间的联系。

在收集材料时，演讲者不但要收集赞同的声音作为论据的材料，对于那些反对的声音，与论点相悖的材料，也要收集。材料越充分，思路就越开阔，论据就越充分，也就越能正确有力地阐明论点，产生令人信服的雄辩力量。特别是学术演讲和法庭演讲，更要求论据充足，旁征博引。

这就要求我们在更加了解所要演讲的内容的同时，还要丰富我们的知识。当演讲者在面对听众的反对意见或刻意刁难时，有充足的材料和准备，自己才不至于哑口无言，闹出笑话。

我们说的真实可靠，是指我们的材料是有据可依的，是真人真事，是客观世界确实存在的、是符合历史实际的。真实是选择材料的出发点，因为只有真实存在、发生过的事情才有说服力，才能够感动人，才最有利于人们形成坚定的信念。选择材料时，要选出最可靠的第一手材料，不能用道听途说的材料，更不能无中生有、胡编乱造。只有真实的材料，才能取信于人。

我们在收集材料时，有时能够收集到几十或者几百个材料，而有时演讲者的演讲时间其实只有几分钟，作为一名演讲者，从众多的材料中选出合适的材料是最为重要的一项准备工作。真实的材料具有可信度，新鲜的材料具有吸引力，而典型的材料则具有代表性。

具有代表性的、典型的事例，在演讲中可以使演讲有较强的说服力、感染力和鼓动性，而平淡无奇和被多次引用过的事例则会使听众产生厌倦的心理，导致演讲失败。

典型材料与一般材料是相比较而言的。只有在充分掌握许多材料的基础上，才会有比较余地，才能分出高下。在对众多材料进行比较时，要发现典型材料，关键在于演讲者的观察分析能力和思想认识水平。

具体，是相对笼统而言的。有些材料虽然真实、新鲜、典型，但由于详略处理不当，尽管讲清楚了来龙去脉，也使人感到"不够味""不解渴"。这恐怕就在于叙述太简略所致。出现这种情况的原因，往往是忽视了对重点材料的必要渲染。从记叙的诸多要素看，常常是对 Why（为什么）和 How（怎样）交代得不够。如果把 Why 和 How 的内容进行较为详细的阐述，做必要的渲染，就会显得具体，给人留下明晰的印象。比如"他带病坚持工作，最后累倒在车床旁"，给人的印象就较笼统。如果进一步把他为什么带病工作，如何做的，怎样累倒的，累倒后又怎样，当时的现场怎么样等做必要的交代和渲染，给人的印象就会具体得多。

收集材料要把准方向，避免盲目性和随意性。线索千头万绪，书报浩如烟海，时间和精力不容我们有见必记、有闻必录，这不仅没有必要也没有可能。我们必须把准方向，有计划、有针对性地收集材料。所谓把准方向就是围绕论题进行，根据论题划定的区域范围，有计划、有重点地工作。选择材料的范围要宽窄适中，不宜太窄，也不宜过宽。太窄，往往会漏掉与之相关的材料，演讲时没有回旋的余地；太宽，往往难抓住主线和重点，造成内容芜杂臃肿，进而削弱和冲淡主题。例如，做一次题为"岗位成才"的演讲，不妨把收集材料的范围集中在以下几方面：从名人先哲的著作中收集有关成才的论述；从教育学和心理学的图书中收集有关成才理论和青年心理特点及其发展趋势的论述；从历史图书中收集前人立志成才的故事；从报刊和现实生活中收集，特别是收集本单位青年在本职岗位上所做贡献的事例等。确定了这样一个范围和方向，收集材料就会顺利得多。

新颖别致，是就听众的感觉而言的。演讲者立论高妙，演讲材料新鲜，就能较好地激起听众的新奇感，引起注意。这对深化主旨，充实内容都有着十分重要的意义。

在演讲活动中，要注意选取能引起听众的兴趣和打动听众的材料。在现实生活中，许多感人的事情都是看似违背常理但又是在情理之中的。例如，有位演讲者在演讲时引用了一位老师上课老是请假跑厕所的事。这种事显然违背常理。可是，当你知道这位老师身患膀胱癌，直到他被抬上病床，大家才发现他揣了一大摞病假条却从不离职时，你又会觉得这看似违背常理的事情，其实却在情理之中。演讲者用这件事来表现这位老师的高风亮节，便会显得十分生动感人。在现实生活中有许多这样的事例，关键在于要善于发现这种有违常理的事例。此外，演讲要讲人们的奋斗经历，讲与听众切身利益相关的事，这样更容易达到目的。

查阅、研究资料和向他人求教

只有收集到大量的材料，演讲者才真正具有站在公众面前的勇气。演讲的目的之一是向听众传达信息，如果你不能满足听众的需要，不能提供足够多的信息，那么你的演讲一定不是好演讲。为演讲查阅相关资料，找他人求教都是很好的办法。

好好规划一下资料的查找工作能够使你在指定的时间内达到最好的结果。这一点要求你在匆匆忙忙地开始查阅资料之前必须认真考虑自己的演讲环境和题目。你有多少时间？就你演讲的性质而言必须查询哪些事实？哪些题目要调查？你查阅资料的目的是什么？

先从了解"总体情况"入手。你不应该盲目地在一个方面的资料上花费太多时间，这样做也许会遗漏与演讲题目相关的其他重要信息。随着研究的深入，你会得到更加具体的材料，你会知道哪些内容可以置之不理，如果其他方面的有关内容突然冒出来，根据已经掌握的知识你完全能够把握这些提示，并顺藤摸瓜地进一步深入下去。

演讲者在查阅资料之前的准备或探索性研究是由一系列活动所构成的。面对一个陌生的题目，在分析题目之前你必须先查阅一些概括性的知识。即使你对演讲题目很熟悉，你也得在查找资料之前在脑海里先理清自己的思路。

根据你可以支配的准备时间和演讲题目的不同，你要进行的准备工作也会有很大的差异。建议你为自己的准备工作制订一份可行的时间表。如果演讲前一天才接到通知，你不可能详尽地查阅所有相关文献，但是可以从《百科全书》之类的书中查找概括性的资料。如果时间较为充裕，你的准备活动就可以更加深入，先从概括性的资料当中收集线索，再寻找其他更加细致、更加具体的资料。跳读是时间有限的情况下最有用的技巧之一。在查阅书籍或购买图书之前，先迅速浏览一遍目录。因为你没有时间把所有的书都看完，一定要掌握最重要的方法和理论。要首先查看书籍目录，跳过第一章和最后一章，或者阅读某一章或一篇文章的第一段和最后一段。记下书中频繁引用的重要学者和公众人物的姓名。留意反复出现的概念和研究项目。不要认为自己必须一字不落地把所有句子读完。

开始浏览时，翻找一些有关该问题的文章和书籍。这些文章和书籍往往很容易从题目中加以识别。

跳过一些资料，阅读一些概括性的书籍可以使你对自己的题目有大致的了解，你就可以进一步缩小查阅范围，把查阅方向集中到某些主要问题上。

当你已经完成背景资料的查阅，但还没有开始主要的研究活动时，要回头分析自己的演讲题目。想一想你是否要把题目缩小为某个问题，调整自己的演讲目的，或者修改主题句的遣词造句使之适应演讲场合。

为新题目查找资料就像学习一门新的语言一样。随着你逐步展开对题目的研究，你就能够了解这个过程中所出现过的关键词。比如，在研究职业女性时，你会发现自己必须搞清楚"机会均等""果断行动"和"相对价值"等词组的含义。你会注意到如"玻璃天花板""女强人综合征"和"粉领工人"等关键性的名词。

当然，如果你熟悉的人中有人对你要演讲的项目非常了解，那么请教他们就是最好的选择了。

直接向他人请教相关问题是一个非常便捷的方法。如果没有特别合适的人选，你也可以询问一下周围的人对你要演讲的题目的看法。你的朋友、家人、同事都可以成为询问对象。

在你根据演讲题目组织整理自己的思路时，先和那些自己经常接触的人们谈一谈。你可能会惊喜地发现他们中的某人对你要讲的题目非常在行。在大多数情况下，这些人告诉你的情况是他们自己的见解和体会，这些材料在书本中是无法找到的。随便和几位朋友交谈一番，你就会惊喜地发现自己了解了很多原来不知道的知识。

演讲材料的收集范围和具体方法

准备丰富的材料是演讲成功的一个重要因素。要熟悉演讲材料的收集整理范围。还要收集属于自己的材料，整理属于自己的素材，而且要保证材料的充足。

演讲材料的收集整理范围主要包括直接材料、间接材料和创建材料。

这里强调一下"自己的"，虽然读一本书也是一种准备，但并不是最好的方法。从书上找到的材料，是可以有帮助的，但假如一个人仅从书本上抄了一大堆现成的材料，然后直接讲给别人听，那么他就难以获得听众热烈的掌声。

别人的东西，只要消化了就能成为自己的东西。积累材料就是收集属于别人的东西，据为己有。然后在开始演讲前，就集中于某个题目，去斟酌并选择最能引起你兴趣的材料，并以此为基础创作出自己的作品。

当某演说家被问及他是如何为他的演说做准备的时，他回答道："我的准备是这样的，当我选定了一个题目时，就把题目写在一个大信封上，我备有许多这样的信封。假如我在读书时遇到一些好材料，认为将来用得上，就把它抄上，放入适合它题目的信封里。另外，我一直带着一本记事簿，当我在听别人演讲时，听到有切合我题目的话，便立即把它记下来，也放入信封内。当我要演讲时，就针对我要讲的题目取出我收集的所有材料，再加上我自己的研究，这样一篇文章就形成了。在我许多年演讲中，从这里取一些，从那里择一点，因而演讲永远有材料，而且也不会陈旧。"

材料需要充分的积累。收集 100 份材料，选择 10 份非常契合题目的，而抛弃另外 90 份。收集丰富的资料和知识，可以增加自信，可以使你觉得安然有把握，讲话的态度也会变得自然大方。每个演讲者都应注意这一点。

整理材料的原则

如果演讲者使用没有经过考证或找不到出处的材料，那么他准备材料的工作就不能说是完善的。可以设想一下，如果演讲内容被听众怀疑是否准确，演讲的效果就很难说好。要在平时多下功夫，经常查阅有关书籍、资料并将用得着的资料摘录下来，注明资料的出处，以便在演讲时引用，这能提高演讲的效果。材料准确性的另一个方面是用词准确性。任何一篇演讲的第一个要求都是让人听懂，即演讲者的用词必须与听众常用的词汇一致。如果演讲者使用的词汇、术语超出一定范围，就应该加以解释。特别是在对非专业的听众发表有关专业方面的演讲时，对专业词汇就更应该进行解释。

为了保证材料的准确性和可靠性，我们可以对材料进行刨根问底，例如，在材料中有哪些人？他们在做什么？他们是什么时候做的这些事情？这件事情发生在什么地方？为什么要做这些事情？他们是怎样完成这件事情的？这些问题可以帮助我们了解材料的情况，帮助我们辨别材料的真假，可以帮助我们理清材料的脉络，完善我们的演讲，同时，也可以帮助我们避免在演讲时闹出笑话。

有新意的材料，指的就是能够成为演讲的依据，同时又是大部分听众没有听过的材料。

相声、小品演员经常抱怨说他们要不停地变换段子，因为再好的段子，观众听过几次后也会失去兴致。同样，再好的流行歌曲也不能长期占据榜单的前几位，这是因为人们喜欢新鲜的事物。

演讲要有新意，谈论问题要有不同凡响的见解。比如在谈论"怎样看待人体美？""离婚率的上升说明了什么？"这一类的题目时，往往会引起别人的注意和兴趣。可口可乐是目前世界上最畅销的饮料之一，可口可乐公司推销成功的秘诀之一就是广告有与众不同，不停有新创意。

在某次会议上，主持人请企业领导讲话，他谢绝了。理由是：一时讲不出新的意见，与其重复别人的话不如索性不说。这位领导的做法值得提倡。实际上那种一讲老话、套话就没个完的人真是比比皆是。有些人讲起话来滔滔不绝，可往往是打着官腔，说套话，信息量很少，缺乏给人以启迪的东西，甚至只是起到了"留声机""传声筒"的作用。听这种没有新意的讲话，实在是味同嚼蜡，令人生厌。据说有个知名人士做报告，这里讲，那里讲，每次所讲的内容都如出一辙，丝毫没有变化。试想，社会在变，听众在变，可报告者如此一成不变、墨守成规，那么他的报告还有什么价值和吸引力呢？即使这个报告起初内容不错，可是日复一日地重复也会让人生厌的。

要做出内容有新意的演讲当然有许多方法，但首先要有自己的个性和积极的自我意识，要敢于标新立异。一个人如果不能发现和发挥自己的与众不同之处，不敢表现真实的自我，那就不可能用自己的语言表达出自己的思想感情，演讲就没有生命力。

演讲要想引起听众的兴趣就要选用新颖的、生动有趣的、寓意深刻的材料。诙谐幽默的材料将在吸引听众方面起积极的作用，它可以帮助消除你和听众之间的紧张感，委婉地表达自己的意见，巧妙地脱离窘境，甚至可以出奇制胜。使用给听众设悬念的办法，也能增加演说的趣味性。演说者可根据听众的心理，在演说中提出问题，然后解答问题，使听众的思路和注意力自始至终跟着演说者的思路走。

主题是选材的依据。选择的材料必须紧紧围绕主题，选择材料时必须考虑它能否有力地支持主题或为主题服务，否则，再生动的材料也不能用。即坚持这样一条原则：凡是能突出、烘托主题的材料就选用，否则就舍弃。

能够有力支持主题的材料一般包括：演讲者自己受感动的材料；演讲者亲身实践证明了的材料；听众感兴趣的材料等。

第八章
拓展你的讲述方式，
让你的演讲更有表达力

听众对平庸普通的论调都不屑一顾，置若罔闻；倘若发人未见，用别人意想不到的见解引出话题，造成"此言一出，举座皆惊"的艺术效果，就会立即震撼听众，使他们急不可耐地听下去，这样就能达到吸引听众的目的。

好的开场是成功的一半

演讲者应殚精竭虑、全力以赴地做好开头，力求一开口就拨动听众的兴奋神经。

良好的开头应符合瑞士作家温克勒说的两项要求：一是建立听众对演讲者的认同感；二是如字意所释，打开场面，引入正题。具体方法是语言新鲜，忌套话、空话；忌那些磨光了棱角的、听众不爱听的老话、旧话；语言准确，忌大话、假话；语言简练，忌空话、抽象话。

文章开头最难写，同样的道理，演讲的开场白最不易把握，要想靠三言两语就抓住听众的心，并非易事。如果在演讲的开始听众对你的话就不感兴趣，那后面再精彩的言论也将黯然失色。因此只有匠心独运的开场白，才能以其新颖、奇趣、敏慧之美，给听众留下深刻的印象，才能立即控制场上气氛，在瞬间吸引住听众的注意力，从而为接下来的演讲内容顺利地搭梯架桥。

奇论妙语，石破天惊，听众对平庸普通的论调都不屑一顾，置若罔闻；倘若发人未见，用别人意想不到的见解引出话题，造成"此言一出，举座皆惊"的艺术效果，就会立即震撼听众，使他们急不可耐地听下去，这样就能达到吸引听众的目的。

优秀的开场白主要有这样几种形式：

在开头讲一个与所讲内容有密切联系的故事从而引出演讲主题。

例如，在一个如何将小孩培养为社会精英的演讲中，演讲者的开场白是这样的:"各位朋友,大家好!今天非常高兴和各位谈谈中国青少年精英教育的问题。前几天我看到一个报道,有一个小学四年级的学生,每天要带父母剥光了蛋壳的鸡蛋到学校吃。有一次,父母忘记给鸡蛋剥壳,差点憋坏了孩子。他对着鸡蛋左瞅右看,不知道如何下手,结果只好把鸡蛋又带回了家。母亲问他怎么不吃鸡蛋,他的回答很简单:'没有缝,我怎么吃!'各位,未来是精英的社会,让我们的孩子成为社会精英,才能让这个国家更加强大,让自己有一个更好的发展空间。而一个孩子若是连自立的能力都没有,即使他读再多的书,学再多的知识,又有什么用呢?因此,现在全社会都应该重视培养孩子们的独立生活的能力和战胜困难的勇气。因为,这是让孩子将来成为精英的第一步。"

在发出"让我们的孩子成为社会精英"这个主题呼声之前,先给大家讲一个四年级的小学生不知道怎么吃鸡蛋的故事,由于故事的简单生动,大部分听众都明白了演讲者要表达的观点内涵——平时父母事事都替孩子办妥,以至于连一个小小的鸡蛋壳也要替孩子剥好,不给他们任何独立行事的机会。这样,小孩子们自然在遇到困难挫折时,根本没有任何自我克服的意识,这怎么可能培养出精英呢?而故事也能让听众轻易得出结论:那些没有独立生活能力及战胜困难勇气的孩子,将来不可能成为社会中的精英,而之所以会如此,很大程度上是因为做父母的平时对孩子太过娇生惯养。所以,要想将孩子培养成精英,父母首先就应该多给孩子独立的成长空间和犯错机会。

值得注意的是,开场白中的故事,主题一定要符合发言的主题,否则,只会适得其反。

讲故事的开场白好处很多。当然,要讲好一个故事也并不容易，这就需要人们掌握下面的讲故事的技巧。

1. 确保故事简短、完整

在开场白中，故事应该简短，不应篇幅太长，否则，容易给听众造成喧宾夺主的感觉。同时，故事也应该完整。故事发生在什么时候，故事的主人公是谁，故事的情节怎样，故事有什么样的原因与 结局，这些都应该一一告诉听众。如果故事不完整，则会容易造成故事指涉不明确、意图难以呈现、揭示不了主题的情况。

2. 使用故事性的语言

使用故事性的语言是指在讲故事时，注意多使用描述性的语言，而少用逻辑性语言；多用通俗易懂的词汇，少用艰涩难懂的词汇；多用简单易懂的故事逻辑，少用复杂隐晦的故事逻辑。

3. 不要过分谦虚的开场

讲故事时要保持高度的自信心，不要表现得过分谦虚。故事还没开讲，就说"我讲的故事可能并不精彩"等，会直接打击对方继续听下去的信心，对方会产生"你自己都觉得没意思，那我听下去也 没什么意义了"的想法。而听众这样一想，演讲也就失败了一大半。所以，讲故事的开场要反其道而行之。甚至就算是一个很简单、称不上精彩的故事，你也要提前告诉听众"这是一个精彩之极的故事 ""这是我喜欢的一个故事""这是我所知道的有意思的故事"等等，只有这样，听众才会更容易对你的讲故事式开场白充满兴趣。

4. 说好故事的第一句话

如果你的听众是崇拜你的人，那么随便怎样开头说故事，对方都可以欣然接受，并饶有兴味地听下去；可如果对方一开始根本就不了解你，对你还没有信心，那么这个时候，要想让对方对

你的故事感 兴趣，听你讲下去，就需要你在故事的第一句话上多下一些功夫。

幽默式的开场白即是以幽默或诙谐的语言及事例做开场白。这样的开场可以引起听众的兴趣，使他们集中精神。

因为笑话往往人物鲜明，情节离奇，俏皮幽默，所以在演讲开始时讲一个笑话会令听众开心解颐，得到启示，在轻松的气氛中领悟演讲观点。

演讲的开场白也有直接引用他人话语的（大多是富有哲理的名言），它为演讲主旨做铺垫和烘托，概括了演讲的主旨。

这种开场白主要借助诗歌、散文等文学形式，通过华丽的辞藻和演讲者的激情，感染听众，把听众带入诗一般的境界。多数参加演讲比赛的朋友都喜欢运用这种类型的开场白。

演讲，尤其是赛事演讲，一般来说，选手都需要对演讲的开头、中间、结尾进行全面完整的设计。不可能也不太好做过多的临场更改。这似乎没有什么不好的，但如果你能独辟蹊径，逆向求新，巧妙地承接上一位或前面几位选手的演讲话题，或是引用他们演讲中的观点进行发言，效果将非同凡响。这种临场发挥会给听众留下良好的印象。

把握演讲的语言色彩

与用语言进行交流的任何方式一样，演讲同样需要遵循语言的一般规律。如合乎语法、讲究修辞等。但由于演讲者是在公众场合与众多听众进行面对面的直接交流，因此演讲更要注意视听结合的效果、情感参与的作用和临场应变的能力。

为了使演讲效果更好，演讲者除了应注意自己的外在形象和手势语言外，更应注意的是，演讲者要善于将抽象的哲理物化，让空洞的说教转化为鲜明的画面。

演讲要做到形象化，比喻和打比方是最有效的手段。如蔡顺华的题为《小狗也要大声叫》的演讲：

各位朋友，到这个讲坛演讲的，应该是曲啸、李燕杰、邵守义那样的大人物。我这个嘴上无毛的青年人站在这里，很不般配哟。（停顿，提高声调）

不过，我很欣赏契诃夫的一句名言"世界上有大狗也有小狗，小狗不应因为大狗的存在而慌乱不安，所有的狗都要叫！"小狗也要大声叫——就按上帝给的嗓门叫好了！今天，我这个自信的"小狗"，就来大胆地叫几声。

这新颖滑稽的开场白引起观众的兴趣后，蔡顺华简单阐释了契诃夫比喻的本意，又很快从"小狗叫"引入了正题：

试想，一个单位、一个部门、一个地区乃至一个国家，倘若只充斥着极少数名家、权威和当权者的声音，虽不算"万马齐喑"，但群众，尤其是最富有创造力的年轻人的智慧和声音被压抑了，哪里会有真正的"九州生气"？

蔡顺华的演讲结尾更是围绕着"小狗叫"作了如下结论：

那些腹有经纶但阴柔有余、阳刚不足的奶油小生是不敢"叫"的；那些虽"嘴上无毛"但已深谙"出头椽子先烂"等世俗哲学的平庸之辈也是不敢"叫"的；响亮而优美的"叫声"，往往发自那些有胆识的开拓者与弄潮儿。如果我国的每一位"小狗"都发出了自己的"叫声"，那么地球也会颤抖的！

蔡顺华的演讲,利用了"小狗叫"这生动、新奇又幽默的比喻,使听众在轻松的气氛中接受了一个严肃的观点。使演讲通俗形象,道理深入浅出。

某些演讲需要运用数据说明问题,但仅仅把一连串枯燥的数据抛向听众,就会影响现场活跃的气氛。

要想不理会充满形象的演讲,就好像要求歌迷不能对自己心中的偶像喝彩。法国哲学家艾兰曾说:"抽象的风格总是差的,在你的句子里应该充满了石头、金属、椅子、桌子、动物、男人和女人。"这就道明了演讲者应选用形象化的语言。

世界上没有个性完全相同的两个人,就如世界上没有完全相同的两片树叶一样。演讲者应力求演讲出自己的风格,创造出独特的"讲"。每个演说家都有自己的风格。如鲁迅先生分析透彻、外冷内热、富于哲理的演讲风格;郭沫若先生热情洋溢、奔放跌宕、文辞富丽的演讲风格。这就是继形象化后的又一演讲技巧——个性化。

演讲的个性与演讲者自己的个性密切相关。每个人的个性形成都与他的性别、年龄、生活环境、文化修养、气质、职业等因素有关。如一位女药剂师在第一次品尝啤酒时,脱口而出地说:"哎哟,就像喝颠茄合剂一样!"

当演讲者的个性与演讲词的风格不一致时,他的演讲是很难使人动情的,也很难感染人。如果演讲者文化层次很低,却大谈一些极其深奥的哲理,就只能是囫囵吞枣地背诵,而即使背诵出来也会显得极其牵强;平时很严肃的演讲者,生硬地念充满幽默情趣的演讲稿,总会显得不伦不类。与其这样,不如用符合自己气质、个性的语言进行演讲。

演讲风格的个性化还体现为演讲中所涉及人物的个性。对于演讲中涉及的人物个性不应是一种平白的交代，而要通过语言模拟等手法对其进行充分的展现。

某些演讲，即使对其立意和材料挑不出毛病，但就是不能给观众留下深刻的印象。原因何在呢？其根本原因就在于演讲者没有把握住演讲词的风格，或者演讲者的个性与演讲词的风格迥异。演讲并不是任何人拿着演讲稿上台照念一遍就行的，还要注意其鲜明的个性，适当采用语言模拟、神态模仿等手段。

在演讲中，不仅要注意语言的形象化、个性化，还要注意让演讲语言通俗易懂。若要使每一句话都深入人心，这就必须注意语言的口语化。听众是否清晰地接受了演讲者的话是演讲能否成功的先决条件。

演讲语言不同于书面语言，听众在现场中不可能有余暇去思考某些生僻的词语和隐晦的意思，更不可能像阅读文章那样进行多次的反复领会。演讲语言既要清楚明白、生动形象，同时又要具有较强的感染力。要使演讲语言生动感人，就必须同时满足形象化、个性化、口语化三个条件。任何一个演讲者如果明白了这三个因素的重要性，并运用到演讲中，那他就具备了成为一个成功的演说家的先决条件。因此，对于初学者来讲，切不可想当然而为之，要把理论的学习和实践结合起来才能达到演讲成功的彼岸。

"幽默是演讲者与听众建立友好关系的最有效的手段之一。当你讲得听众眉开眼笑的时候，他们也就主动地参与了思想交流的过程。"哈斯灵总结了幽默在演讲中的作用：建立友好关系和促进思想交流。

　　有时演讲者并不直接阐明演讲主题而是以说反话、先贬后褒等手法，迂回表达演讲主题，这就是所谓的迂回法。这种手法往往能达到"山重水复疑无路，柳暗花明又一村"的效果。

　　所谓悬念法就是指在演讲过程中提出一个听众极为关心的问题后，却并不解答，听众又急于想知道问题的答案，从而调动听众的兴趣，让听众参与到演讲中去。设置悬念是一种有效的演讲方法。某大学举办写作知识讲座，老师在讲到细节描写时，首先设置了一个悬念："请问同学们，男生和女生回到宿舍时，摸钥匙开门的动作有什么不一样呢？"听讲的学生立即活跃起来，有的小声议论，有的抢着回答，有的干脆模拟自己找钥匙的动作。

　　主讲教师接着说："据我观察，大多数的女生在上楼梯时，手就在书包里摸摸索索，走到宿舍门口，凭感觉捏住一大串钥匙中的那一把钥匙，往锁孔里一塞，门就打开了。而大多数的男生呢？他们匆匆忙忙地跑到宿舍门口，'砰'的一脚或一掌，门不开，于是想起找钥匙，把钥匙往锁孔里一塞，打不开，原来钥匙又摸错了。"

　　这一番描述，引起了同学们会意的笑声。教师于是又总结道："把男女生摸钥匙开门的动作描述出来就是细节描写，而生动的细节描写又来源于对生活的细致观察。"这位教师先巧设悬念，引起学生的兴趣，然后再利用解答悬念抛出知识点，取得了很好的教学效果。

　　"你、你们、我、我们"是最常用的称谓，在演讲中，这些称谓运用得是否得体与演讲的成功有着较为密切的联系。若将"你"与"你们"使用得当，就能集中听众的注意力，因为它时刻提醒着听众去维持一种我是参与者的心理状态，因此有利于拉近演讲者与听众的距离，进而使演讲获得成功的概率更高。例如一篇题为《硫酸与我们的日常生活密切相关》的演讲：

如果没有了硫酸，汽车将无法行驶，你必须像古代人那样骑马或驾驶马车，因为在提炼汽油时，必须使用硫酸。在你还没有和你的毛巾打交道之前，毛巾就已经和硫酸打过交道了，你的刮胡子刀片也必须浸在硫酸中处理……

但如果"你、你们"使用得不恰当，又可能造成彼此之间的心理鸿沟。例如，在一次学术讨论会上，一位语言学家做了这样的开场白："刚才几位同志的报告都很好，如果把你们的讲稿没收，你们还能不能讲得这样好呢？"

"你们"一词拉开了这个语言学家与其他人的距离，有一种居高临下的语气，于是，他激怒了其他的语言学家，他们私下议论："把我们的讲稿没收，我们都讲不好？怎么，把你的讲稿没收，你就能讲好啦，你也太狂了吧！"

其实只要将开场白中的"你们"换成"我们"就行了。

据心理学家统计，精神病患者是使用"我"字频率最高的人。演讲者如果频繁地使用"我"，听众会感觉你是个以自我为中心的人，那么他的演讲就不会受欢迎。此外，在演讲中，特别是学术讨论中，如果需要谦虚地表述个人的新观点时，就可以使用"我们"，听众会因你的谦虚而乐意接受你的观点。

演讲抑扬顿挫是节奏的主要体现。如果没有节奏变化，听众就会昏昏欲睡。

演讲中需要慢的地方有：重要的事情、数据、人名、地名，极为严肃的事情等。

演讲中需要快的地方有：人人皆知的事情，精彩的故事进入高潮的部分，表达欢快的情感的部分等。

停顿（沉默）是控制节奏、吸引听众注意力、调节现场气氛的一种重要方法。

马克·吐温讲过一个故事：有一个礼拜天，我到礼拜堂去，适逢一位传教士在那里用哀怜的语言讲述非洲传教士的苦难生活。当他说了 5 分钟后，我马上决定对此事捐助 50 元；当他接着讲了 10 分钟后，我决定把捐助的数目减少 5 元；当他继续滔滔不绝讲了半小时后，我又在心里减到 35 元；当他再讲了一个小时，拿起钵子向听众哀求捐助并从我面前走过的时候，我却从钵子里偷走了两元钱。

他形象地表达了演讲需要简练的道理。演讲语言应口语化和通俗化，但并不是纵容语言的冗长和啰唆。冗长和啰唆的语言既影响表达效果，又会使听众生厌。演讲语言的冗长和啰唆主要是以下原因造成的：

废话过多。有些演讲者在演讲时东拉一句，西扯一句，抓不住要点，思维混乱，逻辑不严密。其演讲只不过是废话的大集合，还有什么魅力可言呢？

打官腔。有些身居要职的官员，喜欢说套话。他们的演讲，貌似流畅、得体，实则空洞无物，令人生厌。有人曾入木三分地总结了这类官场语言："同志们，对于我们的工作，我们应该肯定该肯定的东西和否定该否定的东西。我们不能够只知道肯定应该肯定的，却不知去否定应该否定的；也不能只知道去否定应该否定的，却忘了去肯定应该肯定的；更不能去肯定应该否定的，而否定应该肯定的。"

反复客套。反复地客套如"我水平有限，肯定有讲错了的地方，请大家多多指教""对这类问题我缺乏研究"等，会使观众觉得演讲者矫揉造作，令人厌恶。

总之，在演讲语言方面，我们应该牢记"人类的思考越少，废话就越多"这句名言。

适合男性演讲者的演讲风格

男子汉应有男子汉的风采和气质。男性演讲者在演讲中要做到的是态度坚定沉着，言语掷地有声，表情容光焕发，精神气宇轩昂，风度潇洒大方。达到语言美与风度美的统一，内在美与外在美的交融。

要达到这一目的就要注意以下技巧：

由于男性声带相对于女性来说偏宽、厚、长，所以他们的音色浑厚有力，发音准确平稳。初学演讲的男士要使声音优美洪亮首先要学会控制气息，以保证发音清晰。其次要运用好共鸣器官，即控制好口腔、鼻腔和胸腔，尤其是胸腔。共鸣会使声音很稳健、厚实、有力。另外发音要有特色。应做到"高而不喊，低而不散""轻而不浮，沉而不浊"。同时要注意吐字清晰有力，这样你的话才能像炮弹一样打得出，送得远。

相对女性来说，男性的思维表现得重理性，演讲中带有明显的理性色彩。开诚布公，见微知著，高瞻远瞩，一般说来，男性演讲者以议论型演讲为佳。因为男士表达这些感情的话语难免粗犷从而会弄巧成拙。

男性粗犷开朗，坦率自然。其演讲语言干脆利落，豪迈奔放，旁征博引，往往有一锤定音之势。绝不患得患失，结结巴巴，吞吞吐吐。男性演讲的语言还有一个最大的特色——幽默技巧的运用，诙谐有趣，幽默的言辞中露出讽刺的锋芒，富有战斗性。

美国莱特兄弟在成功地驾驶飞机飞上蓝天之后，在法国的一次欢迎酒会上哥哥威尔伯再三被邀请演讲，他即兴演讲说："据我所知，鸟类中会说话的只有鹦鹉，而鹦鹉是飞不高的。"这一句深含哲理而幽默的话语博得了与会者热烈的掌声。

演讲时，男士不宜表达太多的感情，但要投入，要自然、真诚地去进行演讲。

演讲时，男士一举手，一投足，一顾一盼之间，都要不失稳重、洒脱。高雅的仪态，大方的举止，得体的打扮，亲切的神情是男士演讲风采体现的主要手段。要想达到灵活自如的境界，需要平时加强态势语的设计和训练。

适合女性演讲者的演讲风格

在一个女性创业者大会上，一位资深的女创业者是这样开始她的演讲的：

各位亲爱的姐妹们，还有寥若星辰的兄弟们，大家上午好！我最近一直有点恐慌，因为发现越来越多的 90 后叫我阿姨，说向阿姨请教，很尊敬。心里觉得一个是恐慌，第二个觉得很不服气，我什么时候就成了阿姨了？而且那么高的小伙子叫阿姨，心里其实不太好受。我相信特别是对于女性，这是永远难以跨越的坎。

但是每次当我演讲的时候，我需要拿这么一个小纸条上来的时候，我觉得被叫阿姨也不太冤，好像是到年龄了。年龄这个事情对女人来说意味着什么，这不是我今天想探讨的，但是除了年龄以外，还有另外一个恐慌，就是类似于这样的分享，还有在很多的场合，以及被很多人尊称阿姨，尊称时代的引领者、创造者的时候，尤其是当被冠以成功女性，然后还有更恐怖的词叫"女强人"的时候，心里面的恐慌是加倍的。……女人的第一个特点是爱做梦，女人总是爱做白日梦，小时候爱做公主梦，说我长大以后要成为公主，要拥有什么，总是有很多不切实际的梦想，看了很多童话，有很多向往和神往。我觉得就是这样，你今天无论是在创业还是在一家公司做什么样的工作，心里面对于未来的向往和那种不切实际的白日梦，这种感觉不要放弃……

这篇演讲词以形象生动的话语说服听众，以事明理，感情充沛，代表了女性演讲的特点。女性演讲时总是以清脆悦耳的声音，真实浓烈的感情，优美得体的打扮，温柔端庄的气质吸引听众。与男性演讲相比女性的演讲显得细腻、丰富、流畅。表现在：

其一，感情细腻。女士感情丰富、多变、热烈、细腻。她们对演讲内容的把握很精心，很投入。在演讲时能真实地体现各种感情。或致以亲切动人的问候，或诵以优美悦耳的诗章。其中不乏轻言细语，娓娓道来，像春风沁入听众心扉，时起时伏，峰回路转，余音袅袅，让人回味。她们议论时犀利激烈，抒情时舒展优美，叙述时平缓清晰。她们很注意与听众的交流，善于调节音节强弱，速度快慢，给人一种变化多姿之感。

其二，形象生动。女性演讲以形象生动见长，善于进行抒情型与叙述型演讲。如下面这段演讲词：

朋友，你是否留心过这样一组镜头：早晨上班，毫不费力挤上公共汽车的是身强力壮的男子汉，而雨里急哭了的是抱着孩子的女工；凶狠地谴责妻子没有及时把饭做好的是丈夫，委屈得哭了的是妻子；回到家里，轻闲、自在地看电视的是爸爸，困乏不堪地操持家务的是妈妈……。

其三，动作精巧。男性在演讲中表情、动作、姿态可大起大落些，女性不行。她们对于身体语言的表达应显得含蓄些，可以在台上始终如一地站着，也可以用双手下垂或一只手稍稍在胸前动一动。

控制演讲的氛围，让现场更有感染力

诚实、热心和认真的态度，能帮助你达到目的。一个人的强烈情感，能使他展示真正的自我。这样的演讲者，其行动和演讲犹如在无意识中进行的。这种自由发挥的状态就是演讲的最佳境界。

在英国，有一位名叫乔治的传教士，他在布道时发表了一篇演讲，给人留下了深刻的印象。他说：

"各位都是信仰虔诚的人，对于信仰的含义，相信已有了一定的了解，用不着我多说，何况还有许多比我更优秀的教授在这儿，我之所以站在这里，只是为了帮助你们加强信仰。"

这时，他把全部注意力都集中到演讲中去了。为了使听众产生真正的信仰，并且虔诚地表达出来，他那充满热情的话语将自己坚定的信仰生动具体地表达了出来。他说话态度诚恳、感情真挚，这一切都反映出了他淳朴敦厚的内在气质，而这种演讲态度正是他成功的关键。

柏克·艾德曾写过出色的演讲稿，被美国各大学当作成功的典范来研究，可他本人的演讲却很失败，因为他那珠玉一样的演讲方式，缺乏热烈而生动的表达能力，每当他站起来发表演说时，听众便开始坐立不安，有的咳嗽，有的东张西望，有的走动，有的打瞌睡，有的干脆走出会场，这种情形实在令人尴尬。因而他得到一个"晚餐报时钟"的绰号。

一枚足以穿透钢板的子弹，如果用手投掷的话，就连衣服的一角都损伤不了，因为它没获得足够的速度，所以没有强大的威力；相反，如果你把豆腐当子弹发射的话，它也无法损伤什么。同样一篇十分精彩的演讲稿，如果在它的背后没有高水平的演讲技巧来加以表现的话，那么其效果就会和发射出的豆腐一样软弱无力。因为它虽有速度，但是本身质地却太软了。

演讲追求的是一种自然的表现。这种表现是指把自己心中所想的事，所积聚的情感，诚恳地用言语和表情表达出来。掌握了演讲技巧的演讲者，在演讲时就会注意使用比较丰富的词汇来进行描述。如果你认为缺乏改变自己的能力，那么这种表现就难以进行；如果你对改变自己的方法很重视，那么你就会寻找到适合你个性的表达方式。比较积极有效的方法就是经常检查自己演讲时音量的高低、速度的快慢、节奏的强弱等。检查方法：利用录音带录下自己的演说，然后边听边做自我分析，或是请朋友听了你的演讲后进行评判。当然如果能请到专家给你一些指导，那么你演讲技巧会达到更高的境界。

同时，你要记住，不要把太多注意力放在你的表达方式上，那样会使演讲流于形式。因此，你演讲的时候，一定要满怀热情、全力以赴地去争取听众的好感，只有这样，你才能够自由地表达你的思想、意念、情感，才能使你的演讲具有极强的说服力。

旁征博引的技巧

所谓"援例"就是通常所说的"用例"或"举例"，以事实证明自己的观点。

有经验的演说者在演说时会经常举例。这是因为举例既可有效地说明问题，又能使演说内容充实，形式活泼。即常言说的"事实胜于雄辩"。演讲中举例一般应注意以下技巧：

演讲中举例，是为了达到"证明论点，阐述观点"的目的。因此，举例一定要贴切。举例不贴切是在实际演讲中最容易犯的毛病。

有些事例，本来很好，但你用过来，我用过去，听众听来也就乏味了，觉得你的演讲也不过如此。有人一讲"潜心钻研"就举居里夫人的例子；讲顽强拼搏，就举海伦·凯勒的例子；讲贵在坚持，这种"炒剩饭"式的举例，恰好暴露出了演讲者的弱点：知识贫乏，思维迟钝。其实，只要真正留心，生活和历史中生动感人的事例何止千万。

典型事例与一般事例不同。一般事例也能说明问题，但毕竟"一般"不可能有太强的说服力，更不会引起强烈反响，留下深刻的印象。而典型事例则是最生动、最有说服力的。事例一出口，道理就昭然若揭。这种事例，源于生活，能深刻反映出生活本质和深层的生活哲理。但这种事例往往被一些貌似平凡的表面现象所掩盖，非潜心发掘不可。

举例是为了证明观点，要想观点明确，就必须使例子生动、形象，具有说服力。因此，在演讲举例时，不仅要典型，而且要具体生动。要想具体生动，必须有一定的细节描绘。

演讲，是为了影响人。首先必须吸引人，才能影响人。教学要讲究"寓教于乐"，也有人说过："兴趣是最好的老师。"有趣的演讲既能营造出一个轻松愉快的氛围，又能使听众感兴趣。这样就很容易让人接受你的观点。

利用不同的演讲稿风格来达成不同的现场感

这种演讲风格就如同字面上的意思一样，是一种充满了激情、豪放、爽朗、干脆、刚健的情感的演讲稿。激昂型的演讲稿要求具有真情实感，案例丰富，具有极强的说服力，不要单纯地认为，激昂就是大吼大叫。

在演讲过程中，演讲者的情绪一直处于一种亢奋的状况。这样的演讲稿，为了能够产生慷慨激昂的演讲效果，在写演讲稿时，经常要加入很多引人入胜的情景描述，营造出一种紧迫的氛围。这样的演讲稿，一般会大量地运用比喻、设问和反问等修辞手法，通过这样的描写来加强语气，语言简洁明了，表达通俗易懂。同时，在这类演讲稿中经常会用大量的排比句，这是因为，排比的句子在朗读的过程中是逐步加重读音的，这样就能够给人一种语气逐渐加强的感觉，能够使会场的气氛更加活跃，演讲者必然能听到听众或是鼓掌喝彩，或是捧腹大笑或痛哭流涕。

激昂型的演讲稿是通过演讲稿中的每一个字来表现演讲者的思想感情，并将这些思想感情施加到听众的身上，通过演讲的过程加强观众的认知。

在写作演讲稿时，如果想将演讲稿写成这种激昂型的，首先要确定自己的演讲主题是否符合这种类型的要求。如果演讲者要做的是一个未受人注意的新观点的演讲或者是具有鼓动性和号召性的演讲，那么这种具有强烈感染力和鼓动性的演讲稿类型，是十分合适的。但是如果演讲者要在一个社交的场合做一场平和的或是娱乐型的演讲时，却用这种类型的演讲稿，无疑就是贻笑大方了。

这种演讲风格的特征是：理智、精深、质朴和稳定。一般来说，这类演讲崇尚实事求是、朴实无华，它所追求的是用命题本身去激发听众的思考，是通过对命题的充分论述去说明某个道理。因此，在主题方面，它要求尽可能地排除主观性，使演讲者对待主题的态度具有客观性，至少要隐蔽到近乎"旁观者"的地步；在选材方面，它的形象材料往往会少到最低限度，没有多余的情景描述；在结构方面，着力于对论点进行论证和分析，使其严谨无隙、相互贯通；在语言方面，它讲究工整、鲜明和准确，不可过度雕琢和粉饰；在声音方面，它的语调比较平稳，没有太大的起伏；在身体语言方面，它的手势动作用得不多，连演讲者的站立姿势和位置都比较稳定。这就是严谨型的演讲风格。

很明显，最具有这种风格特点的，当首推学术演讲和课堂演讲。例如，杨振宁的《读书教学四十年》；我国著名学者和演讲家梁启超先生曾应邀在南京等地做了二十余次学术演讲，这些演讲充分地表现出了严谨的特色。在法庭诉讼演讲中，这类风格的演讲也是不乏先例的，如古巴卡斯特罗的名篇《历史将宣判我无罪》。我们还注意到，在庄严、隆重的集会上，在某些极为特殊的场合，不少演讲也都是这种风格的典范。

必须指出的是，诉诸理性的严谨型演讲，并不是说它不需要或者毫无感情色彩，而是说它们更注重对听众理智的征服；也并不是说它们全然不做加工和修饰，而是说它们很少显示出粉饰的痕迹。也许正是这一缘故，才使得这种演讲具有很高的审美价值和巨大的社会作用。事实证明，虽然它在短期内对听众的影响不如激昂型演讲那样强烈，但它对听讲者的影响却比后者持久得多、稳定得多、深刻得多。

当然，这种风格的魅力是有条件的。如前所述，对于具有较高文化水平的听众来说，诉诸理性的演讲比诉诸感情的演讲所能产生的影响确实要深刻、有力得多。但是，这类演讲能否产生应有的正效应，除取决于演讲者的演讲素养外，显然还取决于听讲者的自身条件。

轻松、亲切、生动、幽默、灵活和多变，是活泼型演讲风格的总特征。在具体的演讲实践中，这些总特征既表现在内容上，又表现在形式上。比如说，在选题上，多是讲一些别开生面的小题目，特别是一些角度新、与现实联系紧密的题目；在题材上，多选用古今中外某些新鲜有趣的材料，喜欢大量引用名言警句、轶闻逸事、典故史实；在结构上，貌似臃肿杂乱，实则是形散而神聚；在语言上，善于运用各种修辞手法，采用一些富有表现力的词语和多变的句式，口语化色彩很浓。此外，这类风格的演讲，也很注重表情、神态和手势，讲究声音的轻重缓急和抑扬顿挫；喜欢用提纲式和即兴式演讲与听众交流；使会场气氛轻松活跃，听众常常会发出会心的笑声和鼓掌声。一句话，它既讲内容的厚重，又求形式的多彩。

不言而喻，活泼型演讲有着独特的魅力。但是，它也很容易引导人们走上另一个极端，即刻意追求演讲的戏剧性效果，因而一旦处理不妥，即使是最出色的演讲家，也会成为人们的笑柄。有许多事实证明，俄国著名演讲家普列汉诺夫也是擅长活泼型演讲的高手，然而随着时间的推移，他后期的不少演讲表演化倾向越来越明显，常常带有做作的热情与戏剧式的姿态。

因此，发表这类演讲时，文学性和戏剧性的使用一定要适可而止，尤其要防止过分幽默。如果都是夸饰的言辞、栩栩如生的形象、引人入胜的情节、朗诵般的腔调和表演化的姿态，就会喧宾夺主；如果节外生枝，随意穿插与主题无关的笑料，就会破坏演讲主题的严肃性，进而破坏演讲的效果。这些都是演讲者应该特别注意的。

深沉型风格的总特征可以概括为：恳切、凝重、深邃、含蓄和柔和。说它恳切，是指演讲者的态度一般都比较诚恳，有实事求是之意，无哗众取宠之心；说它凝重，是指演讲的内容通常都比较严肃，有相当的分量；说它深邃，是指演讲的思想一般都比较深刻，有相当的力度；说它含蓄，是指演讲的感情不外露，看似风平浪静，实为翻江倒海；说它柔和，一是指演讲的音调较为低沉，节奏也较缓慢，力度对比不太强烈，二是指演讲者的动作较少而且轻缓。由此看来，这种风格既明显地区别于激昂型演讲，也明显地不同于活泼型；在某些特征尤其是某些形式特征上，虽然它和严谨型演讲有一定的相似处，但从这些特征表现出来的强弱程度来看，从这两种风格总的色彩、总的面貌和总的状态来看，两者还是有很大的差异，基于这一事实，把深沉型演讲作为一种相对独立的典型的演讲风格，应该说是必要的。

其实，在某些政治外交演讲中，在某些意在说服、教育听众的演讲中，尤其是在悼念演讲和告别演讲中，这种风格不仅大量存在，而且以它特有的魅力显示出了很高的审美价值和强大的感染力。

消除紧张，留住自然

1. 消除紧张情绪

在演讲训练过程中，要使自己"像一个无忧无虑的小孩那样无拘无束地表现自己"。做到说话自然热情而不矫揉造作，平和易懂而又不呆板。为了使训练效果更佳，你应该想象自己正在面对听众。只有坚持做这样的练习，你才能消除演讲时的紧张，到最后演讲时，你便可做到自然得近乎"反射性"地说话。

2. 秉持本色

世界上从来没有两个完全相同的人。每个人都有其各自独特的个性，这种个性使你与其他人不同，也是你赖以生存的条件。

演讲也是这样。当你面对听众时，你应该尽量表现自己独特的个性。一个富于健康个性的演讲者，才会受到听众的欢迎。

第九章
脱稿演讲与即兴发言：会说话，得天下

  不论是写文章还是说话，一个最基本的要求就是言之有物。一个习惯于让语言变得具体而又有趣的人，总能使人有强烈的兴趣倾听。如果能够将自己想要表达的重点内容用形象化的语言表达出来，那么，你就已经抓住了对方的心。

追求"演"与"讲"的和谐统一

"演"和"讲"二者缺一不可，相辅相成。但是，"演"与"讲"的和谐必须是以"讲"为主，以"演"为辅，"演"必须建立在"讲"的基础上，否则便失去了演讲的意义。

演讲是演讲者在特定的环境中，借助有声语言和态势语言的艺术手段，针对社会的现实和未来，面对广大听众发表意见，抒发情感，从而达到感召听众并促使其行动的一种现实的信息交流活动。

需要指出的是，演讲如果只有"讲"没有"演"，只作用于听众的听觉器官而不作用于听众的视觉器官，只注重演讲的实用性而忽略了演讲的艺术性，使演讲不伦不类、干巴枯燥，就会削弱演讲的效果。如果只有"演"而没有"讲"，只作用于听众的视觉器官而不作用于听众的听觉器官，就会冲淡演讲的实用性和严肃性，显得滑稽、夹生，起不到演讲应有的作用。

"演"和"讲"二者相辅相成。但是，"演"与"讲"的和谐必须是以"讲"为主，以"演"为辅，"演"必须建立在"讲"的基础上，否则便失去了演讲的意义。

演讲作为人类的一种社会实践活动，具备以下几个要素：演讲者、听众、沟通二者的媒介，以及时间、环境。离开其中任何一个要素都构不成演讲。在演讲过程中，为了追求"演"和"讲"的统一，我们需要了解演讲的几个显著特征：

演讲属于现实活动范畴，不属于艺术活动范畴，它是演讲者通过对社会现实的判断和评价，直接向广大听众公开陈述自己的主张和看法的现实活动。

这里的艺术性是现实活动的艺术。演讲的艺术性在于它具有统一的整体感和协调感，即其中的各种因素（语言、声音、表演、形象、时间、环境）形成一种相互依存、相互协调的美感。同时，演讲不仅是现实活动，还具有戏剧、曲艺、舞蹈、雕塑等艺术门类的某些特点，并将其与演讲融为一体，形成具有独立特征的演讲活动。

演讲者要有鲜明的观点、独到的见解以及深刻的思想等，要善于用流畅生动、深刻风趣的语言和恰当的修辞打动听众。没有鼓动性，就不能称其为演讲。政治演讲也好，学术演讲也好，都必须具备强烈的鼓动性。

演讲是一门科学，更是一个工具，是人们交流思想的工具。任何思想、学识、发明和创造，都可以借助演讲这个工具来传播。可以说，演讲是最经济、最实用、最方便的传播工具，任何人都可以利用它。

培养应变和控场能力

现场的突发事件，大多是演讲者事前没有预料到的，这就需要演讲者临场发挥，化解尴尬的局面。

演讲者要取得良好的演说效果，还应善于察言观色，以便把握听众的心理变化、兴趣要求，及时修正补充自己的演说内容。实际上，这就是应变与控场能力。

现场的突发事件，大多是演讲者事前没有预料到的，这就需要演讲者临场发挥，化解尴尬的局面。

著名节目主持人杨澜曾在广州主持过一场文艺晚会。她上场的时候，因一脚踩空了台阶，跌落到台下。一时间，观众席一片哗然，有的观众还吹起了口哨。

然而，杨澜镇定自若，重新上台后说道："真是人有失足，马有失蹄啊，我刚才的'狮子滚绣球'滚得还不够熟练吧？看来这次演出的台阶不那么好下啊，但台上的节目会很精彩。不信你们瞧他们……"

登台亮相时一脚踏空，可以说是主持人遭遇的最大尴尬之一，因为意外摔倒带给观众的滑稽感破坏了晚会的演出气氛，也有损主持人的公众形象。然而，杨澜却能随机应变，瞬间控制了现场。她并没有刻意回避尴尬，而是用机智幽默的话语巧妙地摆脱了困境，并利用下台和台上的关联，顺势引出精彩的节目，把观众注意力转移到节目中来。杨澜的随机应变，不得不让我们叫绝。

在意外发生的时候，只有随机应变才能稳定现场，化解危机。那么，一个成功的演讲者需要哪些应变与控场能力呢？

当发现意外情况时，要镇静，要有好的心理素质，能控制感情，掌握分寸。不要在台上惊慌失措，不要因急躁而冲动行事。

演讲时，常有听众提些较尖锐的问题，欲"将你一军"，这时候该怎么办呢？要学会从容地回答听众提出的问题，特别是那些乍看起来十分棘手的问题。有的人采取压制的方法，发火批评，喊"别吵了，安静下来"，这样只会使自己陷入窘境。而有的人则采用以诚相待、妙语解脱的办法，变被动为主动。

有一次，刘吉给学生做报告，接到一个条子，问："有人认为思想工作者是'五官科'——摆官架子；'口腔科'——耍嘴皮子；'小儿科'——骗小孩子；你认为恰如其分吗？"又问，"你怎样对待你的顶头上司？"这两个问题都颇有锋芒。

刘吉妙语解答，对第一个问题的回答是："今天的思想工作者，我认为是理疗科——以理服人，潜移默化，增进健康。"对第二个问题的回答是，"三不主义——不阿谀奉承，不溜须拍马，也不背后说领导坏话。"

如果会场沉闷，要有巧妙穿插、活跃气氛的技巧。演讲者使用穿插的方法，除了把事理说得更形象、更深刻外，还可调整现场气氛，增加听众兴趣。比如，讲个笑话、讲个故事、谈点趣闻、唱首歌等。

穿插时要注意：内容一定要与话题有关，能够起到说明、交代、补充的作用；穿插的内容务必适度，不可过多过滥，造成喧宾夺主、中心旁移；衔接务必自然得当，切不可让人觉得勉强或节外生枝。

消除当众讲话的恐惧心理

如果觉得自己有过成功的经历，胸中就会鼓起"定能获得成功"的信心和胜利的希望，并产生说话的强烈欲望。

演讲的时候，由于面对众多的听众，身处特殊的环境之中，表达者都会产生一种胆怯的心理，以致失去自控能力。之所以出现这些情况，主要是由于演讲者渴望成功表达，又担心说错话致使演讲失败而"有失面子"，因此越想越害怕，越想越紧张。

其实，演讲者越是担心越容易出错，以至于出现不能整体把握，前后不协调、语句贫乏、思维混乱等情况；或对表达环境不适应，在掌声、笑声或光线的压抑下不知所措。

大戏剧家萧伯纳才华横溢，并且以幽默的演讲才能著称于世。但是，萧伯纳年轻时，胆子很小，很害怕开口讲话。初到伦敦，他上朋友家做客，总是在朋友家门前忐忑不安地徘徊良久。

一次，一位朋友邀请他参加一个学会的辩论会，他在会上非常紧张地站了起来，做出了有生以来的第一次公开演讲。当他讲完时，迎接他的不是掌声，而是喝倒彩和讥笑。萧伯纳蒙受了莫大的耻辱。

但是，萧伯纳并没有灰心，而是鼓足勇气，面对挑战。他参加了许多社团辩论，并且在社团辩论中积极发言。他找机会当众演讲，在市场、在教堂、在公园、在码头，无论是面对成千上万的听众还是寥寥无几的听众，都慷慨陈词。终于，他成了一名世界级的演说家。

连萧伯纳这样的大人物也有过当众讲话的恐惧，何况我们普通人呢？

其实，当众讲话时拥有恐惧心理是一种普遍的现象。如果演讲时一点也不害怕，丝毫没有压力感与紧迫感，那反而不正常了。美国心理学家曾在3000人当中做过一次心理测验：你最担心的是什么？答案是各种各样的，比如，死亡、双目失明、丧失亲人、疾病、面容被毁、离婚等。令人吃惊的是，约有40%的人认为最令自己担心也是最令自己痛苦的事是在大庭广众之下讲话。死亡仅排在第六位。

既然大多数人有这种心态，那么，我们对此不妨泰然处之。

言之有物，让听众获得真切的感受

一个使用通俗语言，让听众能理解的演讲，并不能称作是精彩的演讲。精彩的演讲既能准确地表情达意，又能让听众觉得生动感人。也就是说，演讲要做到言之有物，让听众获得真切的感受。

不论是写文章还是说话，一个最基本的要求就是言之有物。也就是说，说话要有内容，不要说空话、套话、废话，只有这样，才能让与你交谈的对象最大限度地理解你的意图，而且不会产生厌烦情绪。

一个习惯于让语言变得具体而又有趣的人，总能使人有强烈的兴趣倾听。如果能够将自己想要表达的重点内容用形象化的语言表达出来，那么，你就已经抓住了对方的心。

俞敏洪在成都西华大学"激情成就梦想"演讲会上讲到自己的创业经历，他这样说："从最开始的一只土鳖带着一群海龟干活，到一群海龟拉着一只土鳖干活，再到一只土鳖和一群海龟共同干活，这就是新东方的发展，而我就是那只土鳖！"如此形象化的语言怎能不吸引听众呢？

因此，在演讲过程中，要少用枯燥的理论和不明确的语言，尽量多用一些生动的事例和比喻，这样才能让演讲听起来内容充实。很多人在某一方面都有类似的经历，如果我们找出两个典型的事例，把它们讲出来，就很容易引起对方的共鸣，使他们同意自己的意见。

演讲要言之有物，但物从何来？这往往是困扰演讲者和影响听众接受程度的一个重要因素。实践表明，恰当地联系自身能给演讲者和听众带来诸多好处。在酝酿和构思过程中，演讲者总是向外探寻，而对"自身"这一最熟悉的信息源常常视而不见。

写文章最忌"八股"，因为八股文千篇一律，没有新意和生气，演讲也是如此。演讲一旦陷入某种不变的程式，形成死气沉沉的"铁板"结构，就会使听众感到生硬、寡味和难以接受。你可以"从我说起"，即叙述自己的经历、描述自己的感受、抒发自己的情感、论述自己的观点等等。这是改善演讲结构，使之灵活多变、摇曳生姿的有效方法。

"从我说起"可以在演讲的开头、中间、结尾等每个部分出现。它不但可以在正式构成演讲的组成部分，而且还可以根据演讲现场的需要灵活穿插，从而使演讲与环境水乳交融，更富现场感，更易为听众理解和接受。

在与别人交谈的时候，如果害怕自己不能做到言之有物，不妨通过列数字、打比方、作比较以及描述细节等方法来陈述，从而把抽象变为具体，把深奥变为浅显，把枯燥变得有趣，使人有身临其境之感，这样就能使演讲的内容更加精彩。

适度停顿可以使演讲更吸引人

停顿，绝不是思想表达的终止，而是力量的积蓄。停顿是为了更好地连接和贯通。演讲中运用停顿可以产生一种骤然紧张的气氛，停顿以后，听众绷紧的心弦也会突然放开，得到一种快感，并彻悟到演讲的内容和感情。

优秀的演讲者特别注重运用适度停顿的技巧，撼动人心的演讲通常不是一气呵成的，而是适当地停顿、静默，然后多转折、多变化地引人入胜。所以，不懂得运用沉默的演讲者，演讲通常不会精彩。

一个人在演讲时，如果像打开水龙头般，任凭话语流个不停，听众的注意力就无法集中；如果像霏雨般淅淅沥沥无精打彩的说法，也会使听众精神松懈，无法集中注意力。因此适当停顿是心灵传递信息的一种方式，沉默是说服人、震慑人的重要手段，是征服人心的有力武器。

停顿，绝不是思想表达的终止，而是力量的积蓄。停顿是为了更好地连接和贯通。演讲中运用停顿可以产生一种骤然紧张的气氛，停顿以后，听众绷紧的心弦也会突然放开，得到一种快感，并彻悟演讲的内容和感情。

需要强调的是，停顿的时间要适可而止。如果太短，紧张的气氛难以形成，高潮难以产生；如果太长，听众会琢磨到你适度停顿的原因，能理解到你停顿后高潮的意义，从而削弱适度停顿的效果。

下面一些时机可适度运用停顿法：

上台站定演讲之前与演讲完了下台之前。此时可做较长时间的停顿，且停顿时要配合态势。

赞叹、悲伤、惊讶、愤怒之时。

反问、设问之后。

举例、述说另一内容之前。

段落之间。

当你的演讲受到干扰或得到赞美时。尤其是由于你精彩的演讲，听众对你报以热烈的掌声时，你一定要停下来，微笑着面向听众。如果听众的掌声是建立在你严肃的幽默之上，你也可以"严肃"地看着听众。

演讲突然"卡壳"怎么办

在演讲的过程中，由于演讲者心理紧张或遇到某种突发状况，思维突然中断，一下子讲不出话来，出现"卡壳"现象。在这种情况下，如果你不能及时有效地续接演讲，就可能使自己陷入无法摆脱的窘境，并由此导致整个演讲失败。

曾经有一个演讲者走上讲台，站在话筒前一句话也说不出来，连自己讲什么都忘了，站了足足三分钟，红着脸又一言不发地走下台。这着实让台下的听众惊讶得目瞪口呆。

同样一位有名的演说家，有一次也遇到了这种难堪的情形，他立刻问台下的听众，他的声音够不够高、后排的听众能不能听清楚。

其实，他知道他的声音已够高了，用不着再去征询听众的意见。他只是借此机会，思索十几秒钟，然后继续讲下去罢了。碰到这种急难，有时也可以这样挽救，利用自己刚才讲过的最后一句话，或是一个概念，作为下句的开头，就不难由此引出另一段滔滔不绝的话来了。

造成"卡壳"的原因是比较复杂的，它涉及到主观和客观两个方面的因素，如自己的文化素养、理论水平、心理素质和表达能力等。当然造成这种情况的原因主要是缺乏信心。

此外，准备不够充分，对听众、环境不够熟悉，也会使演讲者感到十分紧张，不知不觉背上思想包袱。

那么，面对"卡壳"，有哪些应急技巧呢？不妨试试以下几种对策，也许会帮助你从演讲的"卡壳"中解脱出来。

演讲的"卡壳"，往往是由于暂时性遗忘造成的，这通常是我们记忆中所谓的"盲点"。一旦出现"盲点"，如果你执意与它周旋，非得把它想出来不可，这种尝试在一般情况下没有任何意义。

明智的办法是避开"盲点"，跳过"卡壳"的地方，继续讲后面的内容。这样做，即使听众也许会觉得有些不连贯，你也大可不必担心，记起了还可以补充。再说，即使想不起来，也不会从根本上影响你演讲的整体效果。不管怎样，总比在各种眼光的盯视下，落荒而逃好得多。

如果你的演讲"卡壳"了也不要紧，你可以观察一下现场和听众，即兴插说几句无伤大雅的话。这种即兴插说，实际上就是现场交流，而且它很有可能成为你解脱"卡壳"的契机：一来能为你调动思维赢得宝贵的时间；二来也许听众的某一句话会成为你想起演讲下文的最好提示。

比如你可以说："我想，在座的各位也许就有人经历过这样的事，有着与我相同的感受。"你也可以说，"讲到这里，我发现有人在下面小声议论，我很想听听大家的高见，还请大家多多指教！"

如果演讲出现"卡壳"，真的一点都讲不下去了，你索性就当机立断，联系自己演讲的题目想一想：还可以讲讲哪些内容？题目是演讲内容的核心，它往往能够触发你的灵感，调动你脑中相关的信息，让你能继续讲下去。

在演讲过程中，如果你在讲述某一件事情，刚说完一层意思，就被卡住了，你可以承接语意，巧妙地提出一个有针对性的问题，以这种方式调整思维指向，往往能够达到续接演讲的目的。比如，你讲了"青年应当善于抓住机遇"的道理之后，一下无话可说了，可以设问："那么，我们应当怎样做，才能抓住机遇呢？"这样，思路一打开，讲下去也就很容易了。

在演讲中讲某一问题的时候，突然"卡壳"了，你不妨变换一下角度，也许思路就打开了。比如，你谈学习上成功的经验，卡住了，就说一说学习中的教训吧，也同样会给听众以启发；你想举出他人的例子来阐述"人生在于拼搏"的道理，卡住了，不妨谈谈自己的人生经历和感受，一样可以突出主题，也许还会更有说服力呢。

看到台下黑压压的听众，有的人往往会吓得浑身发抖、手足无措，这是"卡壳"的一个重要因素。为了消除这种恐惧感，你不妨自我肯定、自我欣赏一下，做到"目中无人，心中有人'。你可以暂且"藐视"台下的人，甚至把他们当作"一无所知"的人，唯有听你娓娓道来，他们才会开"窍"。如此一来，你的恐惧感就会自然地消失了。

从你走上讲台那一刻起，就不要再想什么"成败在此一举"与"轰动效应"的事了，你所想的应该只有演讲本身。全身心地投入到演讲中去，才有可能获得成功。

一张口，声音就要大一点，来个"先声夺人"。说话的声音响亮了，自己也容易稳定下来。演讲过程中应当把握整体，思路先行，大胆地、毫不迟疑地讲下去。一旦你的演讲进入了良性循环的运行轨道，演讲的成功就能预见了。

　　要做到临危不乱，就需要有高超的应变能力。假如你预感到要"卡壳"了，可以提前减速，插入几句，力争绕过暗礁。假如你脑子里的记忆信号系统全部乱套了，就应该当机立断地丢掉之前的框架，放慢速度，边回忆边重新组织表达。假如无可挽回地忘词了，就要在语不成句之前将提示卡片拿出来，边看边讲。或者在"无可挽回"地陷入窘境以前，把主要内容大概表达完就尽快地结束演讲，来个"见好就收"，千万不要让演讲陷入恶性循环的泥淖中。

附 录
应用：兰博士的抗怯场练习

一、摇来摆去练习

1. 双腿分开站立（与肩相齐），同时摆动身躯、脖子和头，先向右，再向左。

2. 让双臂自由摆动，随身体转来转去，最后放松地抱住双肩。

3. 在摆动时，尽可能大声地叫："我不在乎！"如此反复，也可叫："不，我不在乎！"或"你奈我何！"重复几十次。

（1）身体摆动时，保证头随身子转。

（2）尽可能轻松自在地去做。

二、空手劈柴练习

1. 双足分开约 40 厘米，屈膝。握拳，手放两边。嘴唇紧闭。深呼吸三次后抬臂高举过头。

2. 哗啦一声，双手用力劈下，并尽可能大声叫喊："哈哈哈哈哈哈哈哈哈！"（屈膝）

3. 尽可能用力地重复 5 次。

三、劈柴动作练习

1. 两腿分开 40 ~ 45 厘米，脚尖向前，两膝放松，攥紧双手。

2. 吸气，将紧握着的手高抬过头。

3. 把举起的手摆下来，猛向前屈，吐气。手下来时，大叫一声"哈"。（屈膝）

4. 吸气，再举手。

5. 重复上述动作，做上 10 到 20 次。

注意：吸气时要闭着嘴，直到你的手下摆叫"哈"时再张开，这样就可吸进更多氧气，练习就更有效。

四、蒸汽机练习

1. 双脚与肩齐，站在那里，屈膝，将头抬起，闭嘴，右臂后拉，左臂前伸，尽量用力。同时深呼吸。

2. 左右臂换个方向，重复上述动作。节奏要平稳。

3. 开始要慢，随后要越来越快，持续做 3 ~ 5 分钟。记住：闭着嘴！